Un sari couleur de boue

En souvenir de ma grand-tante bien-aimée, Maniben Trivedi, qui mena sa vie avec courage et dignité ; et pour mes parents, Bharatiben et Arvindbhai Trivedi, qui ont su maintenir vivante son histoire.

ÉTAT DE GUJARAT, INDE
1918

UN

Les bœufs font tinter leur cloche tandis que Lakha les attelle enfin à la charrette. Je jette un œil dans la chambre de ma mère, occupée à nouer ses cheveux en chignon.

– Dépêche-toi, *Ba*, dépêche-toi. Je ne veux pas être en retard.

Je danse comme un paon en faisant tournoyer mon *ghagri-poulka* violet.

– Modère ton impatience, Leela. La foire dure cinq jours : tu auras tout le temps de t'amuser.

– J'ai envie d'acheter mes nouveaux bracelets et mes rubans avant qu'il n'y en ait plus.

Ba lève la main comme pour m'intimer de me calmer.

– *Khami ja*, je dois encore changer de tenue.

J'ouvre son placard en bois et en sors un *sari*.

– Mets celui-ci.

C'est mon préféré, avec ses bandes de vermillon, d'indigo et de safran qui courent sur toute la longueur. On appelle *lahariu* ce motif léger comme une brise et lumineux comme un jour de fête. J'aime quand ma mère porte des couleurs vives qui contrastent avec ses cheveux noirs et soyeux : j'ai l'impression qu'elle scintille.

À force d'entortiller le sari autour de moi, j'ai fini par m'empêtrer dedans et Ba doit le dérouler.

– *Saru*, dit-elle tout en drapant sur mon épaule un *odhani* couleur ivoire.

– Attends-moi dehors. J'arrive tout de suite.

Je traverse la galerie en courant. Il y a tout juste une semaine, j'ai aidé Ba à recouvrir le sol d'une nouvelle couche de boue et de bouse séchées et c'est moi qui ai dessiné les demi-lunes et les empreintes de paon, comme elle m'a appris à le faire, avec la paume de la main et les doigts écartés. À la fin de la matinée, tout était terminé.

Dans l'arrière-cour, Lakha, qui s'occupe de nos bêtes, est en train d'étaler une couverture sur le plancher de la charrette. Le mouvement rapide de ses longs bras fait scintiller les petits miroirs sur sa casquette et son gilet brodés. Je l'entends parler sans comprendre ce qu'il dit. C'est tout juste s'il adresse la parole aux gens, mais, avec ses bêtes, c'est différent : il leur parle tout le temps.

Je m'approche sur la pointe des pieds.

J'espère toujours le surprendre. Depuis que je suis toute petite, c'est le même jeu. Mais j'ai beau ramper aussi silencieusement qu'une tigresse traquant un daim, je perds à tous les coups. On dirait qu'il perçoit les tremblements du sol et de l'air avant même que je prononce un seul mot.

– Alors, prêt pour la promenade ? articulé-je tout près de son oreille droite.

Il ne sursaute pas, ne se retourne même pas.

– Vous portez de nouveaux bracelets ? me demande-t-il de sa voix grave et imperturbable

Je ne réponds pas. Il finit par se retourner et je devine dans ses yeux un sourire qui m'agace. J'ignore la main qu'il me tend et je grimpe toute seule dans la charrette, en soulevant légèrement mon ghagri.

Les genoux ramenés vers la poitrine, je regarde mes pieds nus et mes chevilles. J'admire l'anneau d'argent à mon orteil et tripote mes bracelets qui font : tchoun-tchoun, tchan, tchoun-tchoun. Je suis tellement habituée à leur tintement que je n'avais pas réalisé qu'ils pouvaient faire autant de bruit. Pas étonnant que Lakha m'ait entendue !

Je lorgne vers la porte de derrière : où est donc Ba ? Fragile et chatoyant comme un ciel de pleine lune, un papillon volette près de la charrette. Je jette un œil à Lakha, qui fixe l'horizon, et lui demande :

– Lakha, que feras-tu à la foire ?

– Je discuterai avec mes amis.

– Comment sais-tu qu'ils seront là ?

– Je le sais. D'autant que j'en emmène deux avec moi.

Je joue avec le fermoir de mon bracelet : il se détache et je le fais rouler dans ma main.

– Je ne suis pas ton amie, le taquiné-je.

– Je ne parlais pas de toi.

Il voulait sans doute parler des bœufs.

Il donne une tape à ses amis avant d'aller ouvrir les larges battants en bois. Ba arrive au moment où il sort la charrette et il referme le portail derrière elle. Elle s'assoit en face de moi.

– Tu peux me le remettre ? demandé-je à Ba.

– Arrête de jouer avec le fermoir : tu seras bien embêtée s'il lâche.

– Je n'ai rien fait, il s'est ouvert tout seul.

Lakha a pris la bride dans sa main, prêt à partir : il secoue la tête sans me regarder. Il m'a vue jouer avec le fermoir mais il ne cafardera jamais.

Bapuji, mon père, avait prévu que nous allions à pied à la foire, mais je n'en avais pas envie. « Il y a trois kilomètres de marche jusqu'à la foire : d'ici à ce qu'on arrive, mon ghagri sera plein de poussière et je serai trop fatiguée pour m'amuser. En plus, il faudra partir tellement tôt. Peux-tu demander à Bapuji que Lakha nous emmène ? » ai-je plaidé auprès de Ba.

Et elle l'a fait, comme d'habitude. C'est toujours la même chose : je commence par la convaincre de m'aider à obtenir ce que je veux et c'est ensuite elle qui se charge d'amadouer Bapuji pour qu'il accepte.

Au bout de la rue, au carrefour, Lakha arrête brutalement la charrette. Je me hisse sur les genoux pour voir ce qui se passe.

– Tu vas bientôt avoir treize ans, il est temps que tu te conduises comme une jeune femme. Alors arrête de fixer les gens comme ça ! me sermonne Ba.

– Mais je ne faisais que regarder...

Avant que j'aie le temps de finir ma phrase, un homme blanc et trois Indiens à cheval apparaissent. Les Blancs ont beau nous administrer, ils ne viennent que rarement dans des petites villes comme Jamlee. L'année dernière, une dame blanche est venue dans notre école : tous les hommes et les femmes se sont regroupés sous le figuier banian pour tenter de l'apercevoir. C'était la première fois qu'une Blanche venait dans notre ville.

L'*Engrej* passe tout près de moi et je retiens mon souffle. Je pourrais toucher sa jambe, si je voulais. Ba et Lakha restent silencieux, tout comme les badauds et les commerçants. Nos bœufs eux-mêmes cessent de remuer la tête, faisant taire leur cloche. Un des Indiens montre du doigt le gros figuier banian au milieu de la *chokdi* et dit quelque chose en *engreji* que je ne comprends pas.

– Que fait-il là ? demandé-je tout bas.

– Il vient constater les dégâts causés par la sécheresse, me répond Ba.

Ils s'éloignent dans la rue et nous redémarrons. Je me retourne pour observer attentivement le dos de l'Engrej.

Ba me donne une petite claque sur la cuisse.

– Tu n'es plus une enfant.

– Je voulais voir s'il n'avait pas un bâton de bambou dans le dos : il a l'air tellement raide.

– Arrête un peu de virevolter comme un oiseau sauvage ! Ton *anu* approche et avec lui le moment de t'installer dans la maison de ton mari.

Depuis quelque temps déjà, Ba me demande de ne pas rire ni chanter trop fort et de ne pas sauter partout quand je suis excitée. Tout ça parce que je vais bientôt vivre avec mon mari Ramanlal et sa famille. Elle m'agace avec ses réprimandes et ses remontrances.

J'ai été fiancée à deux ans et mariée à neuf. Et l'année prochaine, ce sera mon anu, une cérémonie au cours de laquelle on m'enverra dans la maison de Ramanlal. Nous l'inviterons avec sa famille, et je pourrai porter un sari neuf et des bijoux en or. Au moment de partir, le prêtre récitera des mantras sanskrits pour me porter chance. Nous ferons la fête, nous chanterons et mangerons de bons plats, et ensuite, je quitterai le cocon familial et m'envolerai vers ma nouvelle maison. Avant que j'entre dans leur demeure, la ba de Ramanlal m'accueillera avec des fleurs et des cadeaux. Je suis contente que Ramanlal soit de Jamlee. Comme ça, je n'aurai pas à aller bien loin.

Comme mes camarades, je sais qu'après mon anu j'arrêterai l'école. Dans ma classe, nous n'étions que cinq l'an dernier, puis deux filles sont parties. Si elles ne m'ont pas invitée à leur anu, c'est parce que je suis d'une famille *brahmane*, la caste la plus élevée, et je ne peux pas accepter la nourriture préparée par des non-brahmanes.

L'été dernier, j'ai assisté à l'anu de ma cousine Jaya. Dans son sari chatoyant et avec ses bijoux, elle avait l'air de descendre tout droit du ciel étoilé. Ses bras étaient couverts de bracelets colorés, et les femmes l'ont gavée de sucreries toute la journée.

Jaya est plus âgée que moi et, du coup, elle fait tout avant moi. C'est énervant. Elle a fait sa première dent avant moi ; elle a pu aller chercher l'eau au puits avant moi ; elle a appris à lire et à écrire avant moi aussi. Mais ça ne m'a pas dérangée qu'elle fasse son anu la première. Après tout, je vais passer le reste de ma vie avec Ramanlal et sa famille, alors j'ai envie de profiter de la mienne aussi longtemps que je le peux.

J'ai déjà entendu des gens dire : « Élever une fille, c'est comme arroser le jardin de son voisin », « Une fille jolie est une fille mariée », ou encore : « Une fille mariée, c'est un poids en moins. » À mon avis, ce ne sont que des sornettes, ma famille ne pensera jamais ça de moi.

Si on la compare à celle de nos voisins et de nos proches, notre famille est petite. Le frère aîné de Bapuji, mon *kaka*, et sa femme, ma *kaki*, n'ont pas d'enfant. Mon frère Kanubhai a vingt et un ans et il vit à Ahmedabad, où il vient de commencer à enseigner à l'université. Quand Kanubhai avait neuf ans, un saint homme l'a béni en lui disant: « Tu seras un homme instruit. » Bapuji a donc refusé d'organiser le mariage de Kanubhai tant qu'il n'aurait pas fini ses études. Kanubhai a eu son diplôme l'an dernier, et Ba était impatiente de le voir se marier, mais il a dit qu'il attendrait que mon anu soit passé.

La charrette roule à bonne allure et j'aime cette conduite rapide et chaotique ! J'aperçois un massif de groseilliers à maquereau dont toutes les feuilles sont tombées à cause de la sécheresse, laissant à nu ses branches épineuses et enchevêtrées. Seuls les figuiers banians, les manguiers, les *kesudas*, et les autres gros arbres sont encore verts. Mais leurs feuilles paraissent ternes, comme si l'excès de soleil les avait décolorées. Si l'on excepte ses rues poussiéreuses, notre ville est d'ordinaire luxuriante.

– Avec la pluie, tout redeviendra vert ? demandé-je à Ba.

– Je l'espère.

L'été dernier, Bapuji et Kaka ont commencé à labourer et à semer dès les premières pluies, fin juin. Ensuite, nous avons attendu, attendu… Mais il a très peu plu pendant les trois mois de mousson. Notre récolte était à peine suffisante pour nous nourrir. Tout ce qu'il nous reste à faire maintenant, c'est attendre la prochaine saison des pluies, qui n'arrive qu'une fois par an. J'ai entendu dire que, il y a très longtemps, Jamlee avait connu sept années de sécheresse. Je ne peux pas imaginer ce qui se passerait si nous ne pouvions rien récolter sept années de suite.

– Et si la pluie ne tombe pas ?

Le visage de Ba s'assombrit.

– La famine dévastera tout. Et même les gros arbres souffriront.

Je préfère ne pas y penser.

Une voix familière crie :

– Attendez-nous, attendez-nous !

C'est ma *masi*, la petite sœur de Ba, qui se rend à pied à la foire avec son amie Heeraben. Lakha arrête la charrette, et les femmes se hissent à l'intérieur. Masi a le visage rond et de petites oreilles, comme Ba. Les mèches bouclées qui s'échappent de son chignon lui donnent l'air échevelé.

– Où sont les garçons ? demande Ba à Masi.

– Ils sont partis depuis longtemps à la foire, avec leurs cousins.

Je suis soulagée pour nos pauvres bœufs car ses trois fils ont entre six et dix ans : cela aurait été bien lourd à tirer, tout ce monde.

Quand Masi commence à parler, elle ne peut plus s'arrêter. C'est comme le bourdonnement incessant des criquets la nuit. À peine sommes-nous repartis que sa langue s'agite déjà :

– Ma sœur, regarde les manguiers. Les fleurs sont si petites qu'on ne les voit même pas. On dit que, les bonnes années, il faut mille fleurs pour faire cent mangues : on pourra s'estimer heureux à cinquante !

Ba et moi avons déjà parlé de la sécheresse et je n'ai pas envie qu'elle se fasse encore du souci.

– Parle donc à Masi du nouveau sari que Kanubhai t'a donné, dis-je en me tournant vers elle.

Les yeux de Masi se mettent à briller, elle ramène ses cheveux derrière ses oreilles et fixe Ba, le regard plein d'espoir.

La belle-mère de Masi est sévère et ne lui permet pas d'acheter des choses frivoles comme des vêtements, ou des bijoux qui ne seraient pas en or. Du coup, elle emprunte tout le temps les saris de Ba et l'idée qu'elle en ait un nouveau l'a fait frissonner d'excitation. Cela veut dire qu'elle va pouvoir se pavaner devant sa belle-mère dans un sari neuf, sans pour autant lui désobéir.

Sur la route, nous croisons trois jeunes couples. Les hommes précèdent légèrement les femmes. L'une d'elles porte un enfant sur sa hanche, une autre tient une petite fille par la main. À leurs côtés, gambadent deux garçons parfaitement identiques.

– Celle avec l'enfant dans les bras est de nouveau enceinte, nous informe Heeraben. Les jumeaux aussi sont à elle et sa belle-mère refuse de s'occuper ne serait-ce que d'un seul d'entre eux.

– Elle a l'air fatigué, dis-je en remarquant que la femme est à la traîne.

– Voilà ce qui arrive quand on a quatre enfants en cinq ans. Que cela te serve de leçon, Leela, m'avertit Masi.

Heeraben acquiesce d'un sourire. Ba m'interpelle sans me laisser le temps de répondre :

– Leela, jette donc un œil de ce côté !

Nous arrivons en haut de la colline. Sur la gauche se trouvent le fleuve Taransi et le temple de Shiva.

- Ba, c'est magnifique, dis-je en montrant le champ de foire, le long du fleuve.

C'est une palette de rouge et d'ocre, d'émeraude et d'indigo, composée par les saris des femmes et les turbans des hommes.

Le cri strident d'un langur déchire l'air, bientôt suivi par d'autres. Au loin, les arbres semblent prendre vie, secoués par les groupes de langurs qui se déplacent dans leur cime. Les yeux plissés, je scrute le feuillage à la recherche de leur pelage blanc, sans résultat. Une volée de perroquets verts passe au-dessus de nous, et leur bec rouge zèbre le ciel.

Lakha nous dépose à la foire, devant le temple de Shiva, au bord du Taransi. À cause de la sécheresse, le large fleuve se réduit désormais à un filet d'eau. D'une main, je soulève légèrement mon ghagri, de l'autre, je tiens la main de Ba et j'entre dans la foire.

À droite du temple, un homme prépare des *jalebis*. Il fait d'abord frire la pâte à base de farine blanche et trempe ensuite les beignets chauds dans du sirop de sucre. À côté de lui, plusieurs personnes attendent d'être servies. Masi et Heeraben s'arrêtent pour bavarder avec une connaissance, mais heureusement, Ba continue d'avancer.

Il y a là des femmes qui vendent toutes sortes de fruits : des *bors*, des papayes, des *shingodas* blanc et noir, et des bananes naines. Plus loin, d'autres marchands proposent des idoles, des rosaires en perles de *rudraksh* sacré, et des ustensiles en laiton et en cuivre. Cramponnée à la main de Ba, je dépasse tous ces étals. Quelqu'un agite un bâton d'encens incandescent près de mon visage. Ba inspire profondément et ralentit.

– Viens, Ba, allons d'abord acheter les bracelets, insisté-je en la tirant par la main.

– C'est le dernier paquet, prévient l'homme au bâton d'encens. Vous ne trouverez ce parfum nulle part ailleurs, c'est de l'essence de rose du Cachemire.

Ba inspire de nouveau et, cette fois, elle s'arrête.

Je lance un regard noir à l'homme tout en la tirant par le bras.

– Je reviendrai, dit-elle à l'homme tandis que nous nous éloignons au pas de course.

Enfin, me voilà agenouillée devant un panier rempli de *lakkh* multicolores comme les plumes d'un paon, le ciel au coucher du soleil ou la peau des mangues mûres. Le marchand observe mes poignets et, sans même prendre mes mesures, attrape un assortiment de bracelets et les enfile sur mon bras. Ils me vont parfaitement, mais je n'aime pas leur couleur marron orangé. Il m'en montre encore trois ou quatre autres, mais aucun ne me plaît.

Puis il sort une autre paire, enveloppée dans un journal. Pendant qu'il déplie le papier, le mot « GUERRE » me saute aux yeux. Tous les jours, les journaux parlent de la guerre qui fait rage de l'autre côté de l'océan. Je ne comprends pas très bien quel rôle nous jouons dans ce conflit puisque notre territoire n'est pas attaqué. D'après Bapuji, c'est parce que nous sommes sous l'autorité des Britanniques que nous sommes obligés d'aider à financer cette guerre à laquelle ils participent. C'est comme un immense brasier, qui doit être nourri avant tout le reste. Du coup, nous manquons de beaucoup de choses. Les denrées quotidiennes, comme le sucre, le blé et le tissu, coûtent plus cher à présent. Sans parler des combustibles.

L'homme glisse à mon poignet les bracelets d'un rouge brillant, parsemés de points jaunes.

Je me tourne vers Ba.

– Ceux-là me plaisent.

– Mais tu viens à peine d'arriver. Tu ne veux pas en essayer d'autres ?

– C'est ceux-là que je veux.

– Tu en es sûre ?

– Oui.

Ba paie et l'homme me demande si je veux qu'il les emballe.

Je fais non de la tête.

– Je vais les porter.

Ba retourne acheter son encens, puis nous nous promenons dans la foire. Nous nous arrêtons pour écouter un *manbhatt*. Avec un petit anneau, il tape sur un récipient en laiton qui brille dans la lumière du soleil et émet différents sons, certains aigus et tranchants comme la pointe d'une lance, d'autres sourds et amples comme le roulement d'un char à bœufs. Quand il a terminé son morceau, je jette de la monnaie dans sa coupelle.

– Essaie si tu veux, me dit-il en me tendant un anneau.

Je frappe à plusieurs endroits, produisant différents sons, mais rien qui ressemble à de la musique.

Plus bas, à côté du temple, je choisis deux fils rouge et or avec des pompons pour mettre dans mes cheveux. Nous avons presque fini notre tour quand j'aperçois deux filles qui portent des bracelets brillants, en verre.

– Vous les avez trouvés où ? leur demandé-je, étonnée.

Elles me montrent un homme, près du mur du temple. Il est assis dans la pénombre : c'est pour ça que je ne l'ai pas vu quand nous sommes passées la première fois. Je presse le bras de Ba.

– Allons voir ce qu'il a.

– Tu as déjà acheté tes bracelets, me rappelle Ba, agacée, les sourcils froncés.

– Je sais, je soupire, mais ceux en verre sont tellement fins et jolis.

– Je ne t'en achèterai pas d'autres.

– On va juste jeter un coup d'œil, insisté-je en espérant que Ba changera d'avis quand je les aurai au poignet.

Je me dirige vers lui, Ba sur mes talons.

Je m'agenouille pour mieux voir les bracelets et repère tout de suite lesquels je veux. Ils sont dans les mêmes tons que ceux que Ba vient de m'acheter, fins et délicats comme des rayons de soleil et parsemés de touches de peinture dorée. Je regarde mon poignet : ils se marieront parfaitement avec les deux lakkh que je porte déjà.

– Ils sont magnifiques, hein, Ba ?

L'homme, qui a le visage couvert de petites rides, prend quelques bracelets dans ses doigts noueux et les tend à Ba.

Elle les saisit et se lève pour aller les regarder à la lumière du soleil et juger ainsi de la qualité du verre.

J'enlève un de mes bracelets et le marchand glisse à mon poignet les six en verre.

– Cela fait un bel ensemble, admire-t-il quand je remets le mien.

Je montre mon poignet à Ba. Son regard la trahit : elle trouve que ça me va bien. Elle compte l'argent tout en marmonnant :

– Je me demande pourquoi je te gâte tant.

– Si on doit gâter quelqu'un, c'est bien sa fille… commente le vendeur.

Nous avons terminé nos courses et j'ai faim. Nous nous arrêtons à un étal et Ba demande au cuisinier s'il est brahmane. Il acquiesce en montrant le cordon sacré qu'il porte sur l'épaule droite. Nous achetons des *papdis*, des sortes de gaufres croustillantes à base de pois chiches. Elles sont servies avec des tranches de papaye crue et des piments verts, revenus dans de l'huile de moutarde.

– Mon frère vend des jalebis à l'entrée, nous informe le cuisinier en nous servant. Pensez-y.

Ba hoche la tête en souriant. Tout en mangeant, nous regardons un *madari* et son singe domestique. Le singe a le pelage sombre, une longue queue, et sa tête est couverte de taches blanches. Au signal de son maître, il danse, fait des cabrioles et un tas d'autres tours. À la fin du numéro, il s'incline, comme font les Indiens avec leur patron engrej, avant de faire le tour de l'assistance, une casquette à la main, pour récolter de l'argent. Ba me donne une pièce que je glisse dans sa casquette : le singe s'incline à nouveau. Pendant le spectacle, j'ai mangé tous les piments verts et j'ai le palais en feu. Je jette un œil vers le marchand de jalebis.

– Il suffirait d'un seul jalebi pour calmer ce feu dans ma bouche...

Ba me sourit, comme si elle approuvait mon raisonnement, et me donne une roupie d'argent.

– Prends-en une demi-douzaine et rapporte-moi la monnaie.

Nous nous asseyons dans la cour du temple pour manger nos jalebis. Le premier à peine avalé, j'aperçois un jeune garçon aux yeux sombres et creux, qui me regarde d'un air triste. Je me lève pour aller lui offrir les deux jalebis qu'il me reste. D'abord, il refuse, mais je reste plantée devant lui, le bras tendu, jusqu'à ce qu'il les prenne. Il sourit et je vois qu'il lui manque les deux dents de devant.

Ba partage son dernier jalebi avec moi.

Après avoir fini de manger, nous entrons dans le temple. Les gens arrivent pour l'*aarti*, la prière collective. Le prêtre allume une *divi* à vingt-cinq mèches. Puis les musiciens commencent à jouer des cymbales, du tambour, de la flûte et les gens se mettent à chanter. Le prêtre décrit alternativement des cercles et des demi-cercles avec la divi. Dans tout le temple, la musique résonne et les versets sanskrits s'entremêlent tandis que les ombres dansent sous la lumière dorée.

Quand l'aarti se termine, le soleil est déjà couché et on a allumé des lanternes pour éclairer la foire : il est temps de rentrer. En descendant avec Ba les marches du temple, j'aperçois Gros Soma et sa femme, Pushpa, qui se tiennent par la main. Gros Soma était le meilleur ami de Ramanlal quand ils étaient à l'école. Je le connais depuis toujours, nos grands-pères sont frères, et, contrairement à ce que pourrait faire croire son surnom, il n'est pas gros. Mais il l'était jusqu'à l'âge de sept ans et tout le monde, à part sa grand-mère, continue de l'appeler Gros Soma. Le premier jour d'école, il a même poliment demandé à son maître de l'appeler par son surnom, plutôt que par son seul prénom.

Gros Soma et Pushpa se sont lâchés la main dès qu'ils nous ont vues.

- Je ne dirai rien à tes parents, le rassure Ba quand ils s'arrêtent pour nous parler.

Gênée, Pushpa a le rouge qui lui monte aux joues. Elle ramène son sari sur son front, en signe de respect. Gros Soma nous regarde tour à tour avant de sourire, découvrant sa dent de travers.

Il fait de plus en plus sombre et aucune trace de Masi ni d'Heeraben.

– Retournons à la charrette, suggère Ba, et si nous les trouvons, nous les ramènerons à la maison.

C'est bien là qu'elles nous attendent. Je montre mes bracelets à Masi.

– C'est joli, commente-t-elle en les tripotant. Et ça te va bien. Qu'est-ce que tu as eu d'autre ?

– Quelque chose pour mettre dans mes cheveux et nous avons aussi mangé des jalebis.

– Rien que ça, princesse Leela ! Quand tu vivras chez ta belle-mère, tu regretteras toutes ces gâteries.

– Et alors ? Je peux bien lui acheter encore quelques petites choses, intervient Ba. Après tout, nous n'avons qu'une fille dans la famille.

– Ça ne justifie pas que tu gaspilles ton argent pour satisfaire ses moindres caprices. Au lieu d'acheter toutes ces choses inutiles, tu ferais mieux d'économiser. L'année dernière, nous avons acheté plus d'or que vous, et nous avons pourtant beaucoup plus de bouches à nourrir. Et pourquoi ? Parce que nous vivons simplement et que nous ne dépensons pas notre argent en babioles. L'or, ça rapporte mais les breloques, ça ne vaut rien.

J'observe Ba, qui se tait, avant de me tourner vers Masi.

– Tu peux bien acheter tout l'or que tu veux. Moi, je préfère porter ces jolis bracelets.

Masi me dévisage un instant avant de détourner les yeux, Ba pousse un profond soupir et je me mets à fixer un point dans la nuit. Ba plaint Masi d'avoir une belle-mère si sévère et autoritaire, je le sais, mais moi, ça m'embête que Masi fasse des reproches à ma mère dès qu'elle en a l'occasion. Comme si c'était elle la sœur aînée! J'aurais voulu que Ba lui dise de garder ses remarques pour elle.

Lakha nous dépose près de la porte d'entrée et fait le tour par-derrière avec la charrette. Sous le kesuda, Bapuji et Kaka sont assis avec quelques autres hommes sur des *khatlis*. Les hommes se retrouvent souvent dans notre cour le soir, parce qu'elle est très grande et située juste en face du *Ramji Mandir*.

Nous devons économiser l'huile à cause de la guerre et seules quelques lanternes sont allumées. Elles projettent une faible lumière sur les visages des hommes et de grandes ombres tout autour d'eux. Bapuji se tourne vers nous et la lumière se reflète sur son large front. Kaka me fait un signe de la main, que je lui rends.

– Je ne vois pas ce que Gandhiji peut faire pour notre problème de sécheresse, s'interroge l'un des hommes.

– Il exige du *sarkar* qu'il suspende les impôts et cela mérite notre reconnaissance, lui répond Bapuji.

Gandhiji s'appelle en fait Mohandas Gandhi, mais les gens l'appellent Gandhiji en signe de respect. Il a fondé un *ashram* sur une rive du fleuve Sabarmati, près de la ville d'Ahmedabad. Bapuji, Kaka et les autres hommes parlent souvent de lui, parce qu'il est toujours prêt à se battre pour les droits des fermiers et des paysans pauvres.

– Les Anglais sont aussi inébranlables que l'Himalaya: pourquoi écouteraient-ils un petit monsieur comme

Gandhiji ? lance quelqu'un alors que je me dirige vers la maison.

– Il est peut-être petit, mais il n'a peur de rien. L'année dernière, Gandhiji a été dans l'État de Bihar et a parlé avec les fermiers. Quand le sarkar a menacé de l'arrêter s'il ne rentrait pas chez lui – au prétexte qu'il n'était pas d'ici –, il a répondu : « Vous qui avez parcouru 8 000 kilomètres pour arriver jusqu'ici, vous considérez que vous y êtes chez vous et moi qui viens du Gujerat, je serais un étranger ? Je n'ai pas d'ordre à recevoir de vous. » Et il est resté, conclut Bapuji.

– Vous savez bien qu'on ne bâtit pas un empire avec de la compassion. Le sarkar ne lâchera pas un *pye*.

Je repense à l'Engrej sur son cheval : il avait l'air si inflexible. Quelle clémence peut-on attendre de gens comme lui ?

DEUX

Voici venue la fête de *Vasant*, qui marque le début du printemps. Chaque année à cette époque, nous remisons les couvre-lits d'hiver, sortons ceux en coton, plus légers. Nous les secouons et les étalons au soleil pour leur ôter leur odeur de moisi.

Je passe ma journée à manger de l'orge soufflée et des guirlandes de bonbons, blancs et plats comme des soucoupes, que Kaki a achetées pour la fête. Notre communauté va allumer un feu ce soir dans la cour du Ramji Mandir. Comme nous habitons juste en face, nous n'aurons qu'à sortir de la maison pour en profiter.

Kaki profite d'un temps mort l'après-midi pour me coudre une nouvelle housse en soie. Elle choisit un camaïeu de bleus, allant de la couleur de l'eau douce jusqu'à celle d'un ciel printanier, en passant par celle des nuages sombres chargés de pluie. Je montre le résultat à Ba quand elle sort de la cuisine.

– N'est-elle pas magnifique ?

Malgré le sourire qui éclaire son visage, elle semble soucieuse.

– Tout ce luxe ne va-t-il pas devenir un fardeau pour Leela quand elle ira vivre chez sa belle-mère ? demande-t-elle à Kaki.

Kaki pose le tissu et lui répond d'un ton sans réplique :

– La mère de Ramanlal a beaucoup d'affection pour Leela : elle prendra soin d'elle comme de sa propre fille. Quoi qu'il en soit, laissons cette petite prendre du bon temps. L'enfance est si courte, autant la rendre douce. Il n'y a rien de mal à cela.

Kaki se remet à sa couture pendant que Ba et moi finissons d'aérer les dessus-de-lit en les étalant sur les khatlis.

Nous en avons fini avec les corvées et Ba nous prépare du thé, qu'elle parfume avec un peu de citronnelle que je viens de couper. Le temps de le boire et Kaki part déjà pour le temple.

Quand Masi arrive, je suis occupée à admirer une nouvelle fois ma housse, étalée par terre. Elle examine d'abord le couvre-lit avant de lever vers moi des yeux écarquillés.

– C'est pour toi ?

– Oui.

– Pourquoi la gâtes-tu autant ? demande-t-elle en se tournant vers Ba.

– Ce sont les restes d'un vieux sari. Rien de tape-à-l'œil, répond Ba en évitant de la regarder.

– Vraiment ? Mais c'est du gâchis ! Quand je pense que tu aurais pu troquer ce sari contre un peu de vaisselle !

– C'est sa Kaki qui la lui a faite.

Masi secoue la tête.

– Je n'ai jamais vu ça ! Elle mène toute la famille par le bout du nez, ma parole ! Pourquoi ne l'élèves-tu pas comme on est censé élever une fille ? Notre ba gâtait nos frères, oui, mais jamais nous, les filles.

Puis elle ajoute en se tournant vers moi :

– Souviens-toi, Leeladee : ce n'est pas le tout de monter en haut du toit, il faut aussi savoir en redescendre.

Je déteste quand elle m'appelle comme ça, Leeladee, ça rime avec *beeladee*, qui veut dire chat. Mais je suis bien trop heureuse pour me laisser contrarier. Pas question de tomber dans le piège qu'elle me tend et de lui faire une réplique mordante, qui serait la preuve de mon impertinence. Je lui souris gentiment :

– Et si tu t'en faisais un pour toi ? Comme ça, on pourrait chacune vanter la douceur de notre couvre-lit.

– Je n'ai pas les moyens de gaspiller de la soie.

Ba lui propose de l'orge et des bonbons. Masi grignote un peu d'orge, croque un bonbon et entortille le reste dans un bout de son sari. Cela semble la calmer.

– J'ai entendu dire que Gros Soma et Pushpa se sont très mal conduits à la foire.

Je prends un bonbon.

– Ils se tenaient par la main, c'est tout.

Ça m'a échappé et je regrette immédiatement ce que je viens de dire. Et si Masi en faisait toute une histoire ? Je ne voudrais pas que Gros Soma et Pushpa aient des ennuis.

– Tu les as vus ?

Je fais semblant d'avoir la bouche pleine pour ne pas avoir à lui répondre. Elle se tourne alors vers Ba.

– Ils sont jeunes, justifie-t-elle.

Masi fronce les sourcils.

– Raison de plus : ils doivent respecter leurs aînés et ne pas se tripoter ainsi en plein jour. Tu ne les as pas sermonnés ?

– Mais… commencé-je.

– Ta ba et moi sommes en train de parler : ne nous coupe pas la parole. Et puis, qu'est-ce que tu y connais ? Va plutôt me chercher un verre d'eau.

Je prends mon temps pour rejoindre la cuisine, espérant pouvoir continuer à entendre ce qu'elles se racontent. Je tends l'oreille tout en attrapant la louche en cuivre suspendue à un clou pour prendre de l'eau dans la jarre en terre cuite. Quand je reviens avec le verre, Masi chuchote quelque chose à l'oreille de Ba. Pas étonnant que je n'aie rien entendu de ce qu'elle disait !

Masi me prend le gobelet des mains et boit.

– Tu le feras ? demande-t-elle à Ba en s'essuyant la bouche du revers de la main.

– Gros Soma et Pushpa sont des jeunes gens respectueux et bien intentionnés : ne compte pas sur moi pour les dénoncer.

– Dommage que ce ne soit pas moi qui les aie surpris main dans la main : tu peux être sûre que j'en aurais parlé à la ba de Gros Soma.

Quand Kaki arrive, Masi se lève aussitôt, l'air renfrogné, comme toujours en sa présence. Masi est la sœur de ma mère et Kaki la belle-sœur de mon père : elles n'ont aucun lien de sang. Pas plus que Kaki et moi. Du coup, Masi estime que je devrais l'aimer et la respecter davantage parce qu'elle est la sœur de ma mère, mais c'est impossible : je vis avec Kaki et je la considère comme ma seconde mère.

Masi ne dit pas non quand Kaki lui propose de nouveau des friandises : elle reprend deux bonbons et une poignée d'orge.

– On se verra ce soir autour du feu.

– Tu as vu la housse en soie que j'ai faite ? lui demande Kaki.

– Oui, elle est très douce.

Les autres femmes de Jamlee traitent Kaki avec respect, alors que Masi ne fait que la critiquer. Pourtant, elle ne se comporte jamais grossièrement devant elle. Est-ce parce qu'elle a peur d'elle ou plutôt parce que, au fond, elle l'admire ?

– Elle la trouve tellement belle que ça lui a donné envie de s'en fabriquer une, dis-je, sachant que Masi n'osera jamais me gronder devant Kaki.

– N'oublie pas de venir nous la montrer quand tu l'auras finie, ajouté-je en me tournant vers elle.

Masi me lance un regard furieux, mais ses lèvres restent hermétiquement closes.

Je me demande ce qui rend Kaki si unique. C'est peut-être cette façon qu'elle a de marcher, toujours très droite, même quand elle porte sur sa tête trois cruches remplies d'eau, avec ses mains qui se balancent le long de son corps, au rythme de ses pas. Ou c'est peut-être sa manière de parler, cette voix à la fois douce et résolue, qui réclame l'attention. Kaki n'est pas très grande, mais elle a le cœur solide et un moral d'acier, qui transparaissent dans son regard calme.

Elle n'hésite pas à nous punir quand nous nous conduisons mal, Kanubhai ou moi. Et gare à ses gifles ! Après, on a la joue qui brûle pendant des heures. Jusqu'ici, j'ai eu de la chance : elle s'est contentée de me gronder, mais elle a frappé Kanubhai une fois, quand il avait huit ans, parce qu'il avait joué un tour à son professeur.

L'après-midi fait doucement place au soir, tandis que je regarde les fleurs du kesuda flotter dans l'air, puis tomber sur le sol. Il est temps de se préparer. Ba huile mes cheveux, puis elle les démêle avec un peigne fin en bois de santal pour pouvoir les natter. Je me nettoie le visage et le cou. Alors que je finis d'essuyer mon visage, un groupe de garçons, dont Gros Soma, entre dans la maison avec des sacs de jute, pour demander du bois. Kaki leur indique la remise, derrière la cabane de Lakha.

Leurs rires emplissent la maison pendant quelques instants. Je n'avais jamais fait attention à eux auparavant, mais aujourd'hui je les observe du coin de l'œil tandis que Kaki donne à chacun une poignée d'orge soufflée et un bonbon. J'aimerais bien qu'ils s'attardent un peu plus longtemps. Si seulement Ramanlal était ici, en ville, et pas là-bas, à Ahmedabad, à l'université.

Peu de temps après, Kaka et Bapuji rentrent de leur travail aux champs et prennent leur bain. Je lisse leur *dhoti* blanc pour qu'il ne soit pas chiffonné quand ils le draperont autour de leur taille. Ceux qu'ils portent pour travailler sont épais et rêches, contrairement aux autres, qui sont doux et raffinés.

Lakha a déjà trait les vaches et les bufflonnes, et il est temps pour nous tous d'aller au Ramji Mandir.

Les langues rouge orangé de l'immense brasier nous lèchent le visage. Je regarde autour de moi : la fumée noire qui s'élève des nombreux feux allumés aux alentours de Jamlee masque la faible lumière du couchant. Les gens qui se tiennent tout près du feu ont le visage coloré par les flammes. Dans un coin, je vois deux veuves dont les saris marron se confondent avec les ombres sombres.

Au milieu du feu, il y a plein de noix de coco. Quand elles sont cuites, les garçons, dont Gros Soma, les retirent avec des baguettes en fer. Ils les laissent refroidir puis ils les fendent et nous en proposent des morceaux. Nous mangeons aussi de l'igname et des pommes de terre rôties. Les ignames sont fumées et sucrées, et j'en mange deux entières.

Puri, la sœur cadette de Gros Soma, me fait signe de la rejoindre. Elle a un petit nez, mais elle est capable de renifler n'importe quel ragot à des kilomètres. Elle se met sur la pointe des pieds pour me chuchoter à l'oreille :

– Tu sais que Ramanlal rentre bientôt ?

Puri a deux ans de moins que moi et ça m'énerve qu'elle soit au courant de choses concernant Ramanlal avant moi. Du coup, je lui rétorque que je le sais déjà. Elle en reste bouche bée.

– Qui te l'a dit ? Ramanlal ?

– Et toi, qui t'en a parlé ?

– Mon frère.

C'est bête, je lui aurais bien demandé pourquoi il revient et pour combien de temps, mais maintenant, c'est trop tard. Puri a trois sœurs et un frère aînés, c'est pour ça qu'elle est toujours au courant de ce qui se passe à Jamlee. Parfois, l'envie me prend de la pincer, cette madame je-sais-tout : ce n'est pas très joli, et, d'ailleurs je ne lui ai jamais fait de mal, mais n'empêche…

– Qui te l'a dit ? insiste-t-elle en faisant la moue, les mains sur les hanches.

Le feu s'affaiblit et les gens commencent à partir. Ba m'appelle :

– Leela, *chalo*, allons-y.

Je cours vers elle sans prendre la peine de répondre à Puri.

Après le dîner, Kaka me demande de lui apporter son *tanpura*, un instrument à une corde. Je vais le chercher dans sa chambre et le lui rapporte en faisant très attention. Nous nous asseyons sur le sol du *chauk*, Kaka commence à jouer et nous chantons à tour de rôle. Cette nuit n'est pas comme les autres : l'air est rempli de nuages de fumée provenant des flambées et la pleine lune n'arrête pas de jouer à cache-cache avec eux. Nos voix s'élèvent dans les airs, portées par la brise, et chuchotent à l'oreille du kesuda, qui répond en agitant doucement ses feuilles.

Tout à coup, un vent froid se lève.

– D'où vient ce courant d'air ? s'interroge Kaka.

Je me blottis dans les bras de Ba tout en essayant de m'envelopper dans un bout de son sari.

– Leela, tu grelottes !

Bapuji se lève pour aller me chercher une couverture. Je m'endors sans m'en rendre compte, bercée par la musique de Kaka et le chant de Lakha.

TROIS

La ba de Ramanlal m'a invitée à passer la journée chez eux. J'adore y aller parce que j'ai le droit de porter un ghagri-poulka neuf, alors que ce n'est pas *Diwali* ni un autre jour de fête. Et puis sa ba me prépare toujours mes plats préférés. Tout le monde me dit que j'ai de la chance de l'avoir, parce qu'une belle-mère peut faire ou défaire la vie de sa bru.

J'ai mis mon ghagri-poulka rouge orangé et mes nouveaux bracelets. Ba tresse mes cheveux et les attache avec un des rubans achetés à la foire. J'attrape la boîte ronde en argent posée sur l'étagère, à côté du placard en bois de Ba, je l'ouvre et je plonge mon doigt dans la poudre vermillon. Debout devant le miroir, je trace un *chandlo* au milieu de mon front : un cercle parfait.

Ba m'accompagne chez Ramanlal dans la matinée. Sur le chemin, je me demande si Puri a dit vrai quant au retour de Ramanlal : rien que d'y penser, ça fait battre mon cœur plus vite.

– Tâche de bien te conduire, me dit Ba quand nous arrivons devant la maison.

– Comme toujours, non ?

– Je n'aurais pas à te le rappeler si c'était toujours le cas. Il y a deux jours, tu as taquiné Masi à propos de la couverture en soie : ce n'est pas ce que j'appelle se conduire bien, mais au contraire manquer de respect. Tu es une jeune femme maintenant : tu dois apprendre à ne pas dépasser les limites et à respecter tes aînés. Tâche d'être discrète quand tu parles ou quand tu ris, propose ton aide à la cuisine et sois polie. N'oublie pas qu'il s'agit de ta belle-famille.

Je hoche la tête.

La ba de Ramanlal vient nous ouvrir et discute quelques instants avec Ba. J'attends patiemment à leurs côtés alors que j'ai très envie d'entrer pour voir si Ramanlal est là.

Ma belle-mère a un visage lisse et un cou mince et long qui lui donnent l'air jeune. Debout à côté d'elle, je me rends compte qu'elle n'est pas beaucoup plus grande que moi, et j'ai encore quelques années de croissance devant moi.

– Leela, rappelle-toi ce que je t'ai dit, m'avertit Ba avant de partir.

– Oui, Ba.

Puri avait raison : Ramanlal est là. Tout vêtu de blanc, il a les cheveux peignés avec une raie à gauche. Contrairement à sa mère, il n'est pas petit, mais il a les mêmes traits délicats qu'elle. Il a soigneusement nettoyé son visage, et ses sourcils forment un arc parfait. S'est-il pomponné parce qu'il savait que je venais ? Ou est-ce son allure habituelle, et je n'y avais jamais fait attention jusqu'à aujourd'hui ?

Je suis déjà venue plusieurs fois chez Ramanlal, pourtant, je ne lui ai jamais parlé et je n'ai jamais non plus eu envie de passer du temps avec lui. C'est différent désormais. J'ai conscience que mon anu approche et que, dans peu de temps, je viendrai vivre ici. Cela me rend nerveuse. Toute la matinée, j'ai le cœur qui fait des bonds, les mains qui tremblent et les yeux qui traînent pour tenter de l'apercevoir.

Nous n'avons pas le droit de nous parler ni d'être seuls tous les deux, mais, parfois, nos regards se croisent : alors mon visage s'enflamme d'excitation et je souris timidement. Je remarque que la ba de Ramanlal et sa grand-mère nous observent. Peut-être ont-elles remarqué un changement dans mon comportement et s'assurent-elles que nous ne faisons rien de déplacé. Ou alors c'est au contraire moi qui garde les yeux fixés sur elles, dans l'espoir de leur voler quelques instants avec Ramanlal.

Au déjeuner, la ba de Ramanlal prépare mon plat préféré : du *pooranpoli*. Je roule les boulettes sucrées et les lui tends une par une. Ramanlal n'a pas faim et attend pour manger que son bapuji, son grand-père et sa grand-mère aient terminé leur repas. Quand nous passons à table à notre tour, il attrape un morceau de pooranpoli et me le glisse dans la bouche pendant que sa mère ne regarde pas. Je suis tellement abasourdie que je n'arrive pas à mâcher. À part Ba, Kaki et Kanubhai, personne ne m'a jamais donné la becquée : ça me fait bizarre que Ramanlal agisse ainsi.

– Tu n'aimes pas mon pooranpoli, Leela ? interroge la ba de Ramanlal.

Je mets la main devant ma bouche et me dépêche d'avaler.

– C'est très bon.

Pourvu qu'elle ne me demande pas pourquoi ma voix tremble.

– Tes mots peuvent mentir, pas ton appétit : mange et je te croirai.

– Tu as raison, renchérit Ramanlal. Comment savoir si elle aime notre cuisine si elle ne la mange pas ?

– Ne te mêle pas de nos conversations de femmes, lui intime-t-elle en le regardant d'un œil sévère. Puis elle me sourit avant de chuchoter :

– Ne te dévoile jamais complètement à un homme : laisse-le toujours deviner la profondeur de ton être.

L'après-midi, pendant que tout le monde fait la sieste, je m'installe sur la galerie pour broder. Ramanlal surgit tout à coup de nulle part.

– C'est pour nous, cette nappe ?

Mon cœur palpite et je me mets à bredouiller. Je voudrais lui demander pourquoi il m'a donné la becquée au déjeuner, quand il aura terminé ses études, s'il sera un mari autoritaire...

Toutes ces questions se bousculent dans ma tête, mais rien ne sort de ma bouche. Pas même la réponse à sa question.

– Quoi ? je parviens à articuler.

Il saisit la nappe.

– C'est ta ba qui t'a appris à broder ? C'est magnifique : tu l'apporteras ici après ton anu ?

– Je ne sais pas ce que j'ai le droit de prendre.

– Ne t'inquiète donc pas. La seule chose qui importe à mes yeux, c'est que tu viennes toi.

Je sens le rouge me monter aux joues et je baisse les yeux. Je l'observe à travers mes cils, du coin de l'œil : il est toujours en train de me regarder. Il a envie que je vienne vivre chez lui ! Je ne peux plus m'arrêter de sourire.

C'est plus fort que moi : je le regarde et je souris. Comment ça se fait ?

Ramanlal s'assoit à côté de moi et tripote mes bracelets. Je me mets à trembler, non pas de peur, mais d'excitation. Pourtant, je retire ma main.

– Que dira ta ba si elle nous voit ?

– Aucun risque, dit-il avant d'ajouter en chuchotant : Je pars bientôt et je ne sais pas quand je reviendrai... Tu ne m'oublieras pas, hein ?

Mon cœur bouillonne de sentiments que j'ignorais éprouver pour lui.

– Je... Comment le pourrais-je ? Je suis ta femme.

On entend tinter des bracelets : est-ce sa mère qui approche ?

Il se lève et disparaît aussi brusquement qu'il est apparu.

Au goûter, nous mangeons du *kothimda* séché : c'est le fruit d'une liane qui pousse pendant la mousson. Cette année, la récolte a été mauvaise à cause de la sécheresse et je suis d'autant plus étonnée de pouvoir en manger. Ils sont croquants et saupoudrés de sel et de piment.

La ba de Ramanlal me démêle les cheveux avec un peigne fin un peu spécial qui diffuse une huile parfumée au jasmin. Ça tire un peu et, en même temps, ça m'apaise. Puis elle me fait une natte et me met deux barrettes en argent.

– C'étaient les miennes : je te les donne, me dit-elle.

– Je peux les rapporter chez moi ?

– Oui, tu peux les prendre. Plus tard, tu les transmettras à ton tour à ta fille ou à ta belle-fille, me répond-elle avant de me demander : Quelle couleur as-tu choisie pour ton sari d'anu ?

– Celle que vous voudrez, je réponds en gardant les yeux fixés au sol.

Du bout des doigts, elle me relève le menton.

– C'est toi qui le porteras, il vaut donc mieux qu'il te plaise. Parles-en avec ta mère. Avant de repartir, Ramanlal passera chez toi pour savoir ce que tu as choisi.

– D'accord, approuvé-je en me détournant, persuadée que je suis en train de rougir.

Peu après, j'aide la grand-mère de Ramanlal à redonner du gonflant à des boules de coton tassées. Nous travaillons côte à côte à séparer les fibres jusqu'à ce qu'elles deviennent légères et douces, puis nous en garnissons un nouvel oreiller.

Quand nous avons terminé, je la regarde peigner ses cheveux argentés.

– Viendras-tu m'aider à préparer des pickles de mangues vertes quand elles seront mûres ?

– Bien sûr. Bapuji m'a dit qu'il fallait encore attendre au moins deux semaines.

– C'est vrai et la récolte risque d'être bien maigre. Je ne pourrai faire que des pickles épicés cette année, à moins que tu ne préfères les sucrés ? me demande-t-elle tandis qu'elle ramasse ses cheveux en chignon. Quoi qu'il en soit, c'est un bon prétexte pour revenir nous voir. Qu'en penses-tu ?

– C'est vrai, je réponds tout en pensant à la chance que j'ai d'avoir une belle-famille aussi aimante.

Sur le chemin du retour, Ba me demande comment s'est passée ma journée.

Je lui parle du pooranpoli et du kothimda, des barrettes en argent que m'a données la ba de Ramanlal et qui me plaisent tant, de la couleur de mon sari, que j'aurai le droit de choisir, des pickles que j'aiderai à faire… Mais je ne dis pas un mot de Ramanlal. Cette nuit-là, j'ai beau essayer de me représenter son visage, il m'échappe: Ramanlal navigue à travers mes pensées comme un rêve, à la fois présent et absent, réel et irréel, connu et inconnu.

Le lendemain, Kaki nous quitte pour aller voir son frère: elle va rester chez lui un mois. Après le départ de Bapuji et de Kaka pour la ferme, je reste donc seule à la maison avec Ba. Quelques mois nous séparent du début de la mousson: c'est la période des mariages et des *janois*. Au cours de la cérémonie du janoi, les garçons brahmanes acquièrent le droit de célébrer des offices religieux et de réciter le Mantra Gayatri, l'un des plus sacrés. Conformément à la tradition, l'ensemble de la caste est convié à ces réjouissances, ce qui fait que notre communauté est mobilisée presque tous les jours.

Ce soir, nous sommes invités à assister au janoi d'un parent éloigné, qui se tient au *dharmashala*, une grande salle communautaire. Comme Kaka ne participe presque jamais à ces réceptions et que Ba ne se sent pas très bien, c'est moi qui accompagne Bapuji.

Je porte un ghagri-poulka violet avec un odhani en crêpe vert citron, brodé de minuscules miroirs. Ba y ajoute des boucles d'oreilles en or, des bracelets et un collier triple rang. Elle me tresse les cheveux avant de les torsader en chignon et d'y glisser une des barrettes offertes par la ba de Ramanlal. Quand je suis prête, Ba ouvre une boîte en argent, plonge son doigt dans le *khôl* et me fait une trace noire dans les cheveux, près de ma tempe droite.

– Tu es magnifique : il faut te protéger du mauvais œil.

Je libère quelques mèches de cheveux près de mes oreilles et les entortille autour de mon doigt pour qu'elles retombent en vrilles, comme une liane kothimda. Bapuji me surprend devant la glace.

– *Khali chano vage ghano*, me lance-t-il comme un avertissement, plus on est creux, plus on fait de bruit.

Je m'éloigne en vitesse.

Nous approchons du dharmashala et je sens l'odeur de la chaux qu'on a appliquée sur les murs il y a quelques jours à peine. L'arche de l'entrée est ornée d'une statue de Ganesha. Une grande marquise enveloppe tout le bâtiment comme un châle posé sur ses épaules. Bapuji s'arrête à l'entrée pour parler avec les aïeux de nos hôtes. Puri arrive vers moi en courant.

– Allez, viens, Leela, je vais te montrer quelque chose, dit-elle en me tirant par le bras.

– Suis-la, approuve Bapuji.

– Qu'est-ce qu'il y a ? demandé-je à Puri tandis que nous pénétrons dans la grande salle rectangulaire, au centre du bâtiment. Les femmes et les enfants se sont déjà installés sur le sol en terre pour manger.

– Ton Ramanlal est ici, murmure Puri, les yeux aussi brillants que son odhani doré.

– Et alors ? je rétorque alors même que je suis très étonnée qu'il se trouve encore à Jamlee.

Le vent apporte les odeurs des clous de girofle, du gingembre, du safran et du cumin qui mijotent dans la soupe. Je n'ai jamais vu d'homme préparer le repas familial et pourtant, à l'occasion des mariages, des décès ou des cérémonies janois, ce sont eux et eux seuls qui cuisinent, tandis que les plus jeunes de la communauté se chargent du service.

Toute la journée, j'ai rêvé de nourriture : de noisettes qui mijotent dans une soupe d'épices et la rendent croustillante, de pommes de terre qui baignent dans une sauce épaisse et qu'on sert avec du riz long et gonflé, et, bien sûr, de *kansar* sucré. C'est un dessert à base de sucre roux et de blé complet, mouillé de ghee et saupoudré de sucre. Mais, à présent, la nourriture n'a plus aucune importance : tout ce que je veux, c'est apercevoir Ramanlal.

– Puri et Leela, ne restez pas plantées là en plein milieu, comme des cactus ! Trouvez-vous une place et installez-vous, nous intime Masi en nous voyant.

Puri me murmure à l'oreille :

– C'est elle, le cactus : un gros même, avec des épines pointues !

Je ris.

Puri croise les bras et relève un peu le menton, ce qui lui donne un air suffisant.

– Puisque tu ne veux pas voir Ramanlal, je ne te dirai pas de quel côté il fait le service.

– Mettez-vous ici, nous ordonne Masi en nous indiquant la rangée à sa droite. Plus vite nous mangerons, plus vite nos hommes pourront passer à table.

– Dis-le-moi : j'ai envie de le voir, murmuré-je.

– D'accord, mais d'abord tu dois te toucher les oreilles.

Je regarde autour de moi : je n'ai pas envie qu'on me voie exécuter les quatre volontés de Puri, comme un singe domestique. Comme personne ne semble faire attention à nous, je m'exécute vite fait, à la grande satisfaction de Puri.

– Suis-moi, dit-elle en s'éloignant vers la rangée opposée à celle que Masi nous a attribuée.

Nous trouvons une place au bout de la dernière rangée. Je ramasse mon ghagri-poulka et je fais bien attention à m'asseoir sur le petit tapis en coton pour ne pas laisser mes vêtements traîner par terre et risquer de les salir. Je range les pointes de mon sari sous mes jambes croisées et j'attends qu'on me serve. Un jeune homme nous fait passer un *patral* et un *padio*, une assiette et un bol fabriqués avec des feuilles de khakhra tenues par des brindilles.

On dirait que tout le monde parle en même temps : l'endroit bruisse de sons et d'échos. J'observe les hommes qui sortent de la cuisine avec les plats. Le sucré est toujours servi en premier et voici Ramanlal qui porte des kansar empilés sur un plateau en laiton. Je détourne les yeux. Ramanlal sert Puri, qui le dévisage : j'en profite pour lui jeter un coup d'œil rapide. Il est si près de moi que je peux sentir l'huile parfumée dans ses cheveux et voir le duvet de sa moustache. Je peux presque toucher les plis de son dhoti en soie. Il ne me laisse pas le temps de l'observer davantage et remplit mon patral de kansar.

– Tu m'as servi plus que ce que mon estomac peut contenir, murmuré-je.

Il a les yeux qui brillent.

Je jette un œil vers Puri, de peur qu'elle n'écoute, mais la fille assise à côté d'elle lui demande quelque chose et elle se tourne pour lui répondre.

– Tu n'aurais pas dû me servir autant, dis-je à Ramanlal.

Il se penche encore un peu plus et me chuchote à l'oreille :

– J'aimerais te donner quelque chose.

Je n'ai pas le temps de lui répondre, quelqu'un crie :

– Notre rangée n'a pas été servie. Où est le plat de kansar ?

Ramanlal se dirige vers eux.

– Qu'est-ce qu'il t'a dit ? me demande Puri.

– Rien, je réponds d'un ton qui s'efforce d'être calme et indifférent.

– Si tu ne me le dis pas, je vais tout raconter à ta masi.

Comme je ne veux pas que Masi soit au courant, je mens à Puri.

– Il m'a dit : Mange et tu pousseras comme une liane kothimda.

Nous gloussons.

– Les garçons ne savent pas parler. Tout ce qu'ils savent faire, c'est siffler, faire voler les cerfs-volants, lire et compter, constate-t-elle tout en mélangeant le ghee, le sucre et le kansar avec ses doigts. Après ton anu, tu feras ce qu'il te dira de faire.

– Pas du tout, je réponds en pensant que Ramanlal ne sera jamais méchant avec moi.

Pas lui.

– Mes sœurs savent tout cela. Elles disent que, juste après ton anu, tu dois obéir à ta belle-famille et satisfaire ton mari.

– Et Pushpa, elle fait tout ce que Gros Soma lui demande ?

– Je ne sais pas. Ils ne se parlent que la nuit, quand ils sont seuls.

– Comment tu sais qu'ils discutent ?

Puri hausse les épaules.

– En fait, il y a beaucoup de choses que tu ignores parce que tu n'as que dix ans et que tu n'es pas mariée.

– Je suis fiancée. Et puis, mes sœurs me racontent tout.

Je secoue la tête.

– C'est vrai ! Tu es jalouse parce que tu n'as pas de sœur et que ton frère n'est toujours pas marié, alors qu'il est plus vieux que le mien.

– Il ne va pas tarder à se marier.

– Ah oui ?

Ses yeux s'allument.

Comme il n'est pas question que je fasse machine arrière, je confirme :

– Bien sûr.

Ramanlal revient avec une carafe d'eau, interrompant sur-le-champ notre discussion. Il remplit mon verre et s'attarde quelques instants, mais je n'ose pas le regarder.

Je ne mange que la moitié du kansar qu'il m'a servi. Dehors, à l'arrière du dharmashala, les intouchables font déjà la queue pour récupérer les restes : il n'y aura pas de gaspillage.

À la fin du repas, Bapuji aide à nettoyer et, comme je suis fatiguée, Masi propose de me ramener à la maison. Je l'attends devant une des portes latérales.

La pleine lune est passée depuis cinq jours, il n'y a plus qu'un petit croissant dans le ciel, entouré de milliers d'étoiles. Par intermittence, des lucioles clignotent.

Tout à coup, je sens comme un mouvement derrière un *pipul*. Bien que la nuit soit chaude, je frissonne en pensant aux histoires que j'ai entendues à propos des pipuls, qui abriteraient des fantômes. Mes pieds deviennent lourds comme des enclumes et je suis incapable de bouger d'un millimètre. Ramanlal surgit de derrière l'arbre, un papier plié dans la main.

– Leela, lis ça et réponds-moi par écrit.

J'ai dû mal à distinguer l'expression de son visage, mais sa voix est apaisante et douce comme du miel.

J'ai envie de prendre cette lettre mais, en même temps, j'ai peur. Que dira ma famille ?

– S'il te plaît, prends-la avant que quelqu'un nous voie.

– Je ne peux pas. Et si ma famille l'apprend ?

– Dans peu de temps, ils te conduiront chez moi et nous vivrons ensemble.

– Alors peut-être que tu pourrais me donner cette lettre à ce moment-là.

– Ne me fais pas attendre, dit-il en tendant la main. Dépêche-toi !

Je n'ai pas le temps de saisir la lettre : j'entends tout à coup la voix de Masi.

– Leela, tu es là ?

Nous voyons Masi sortir du bâtiment, son visage brille, éclairé par la lumière de sa lanterne. Ramanlal s'esquive avant que Masi le voie.

Sur le chemin du retour, Masi n'arrête pas de parler : de la quantité de nourriture, de qui a cuisiné quoi, de qui a mangé le plus de kansar... Je m'efforce de l'ignorer.

Lorsque j'ouvre le portail de la cour, un vent fort souffle, qui secoue les branches du kesuda. Mon cœur bat à l'unisson.

Assis dans le chauk, Kaka joue du tanpura.

– *Bess*, me dit-il, assieds-toi. Raconte-moi qui tu as vu et ce que tu as mangé au dharmashala.

Le sol en pierre du chauk s'est refroidi : j'étale une natte de jute avant de m'asseoir. Je parle à Kaka de Puri, de Masi et de toutes les autres personnes que j'ai vues. Je ne dis rien sur Ramanlal. Je lui raconte aussi tout ce que j'ai mangé et, quand je mentionne le kansar, les battements de mon cœur s'accélèrent.

Je discute avec Kaka, mais j'ai l'esprit ailleurs. Je repense à la lettre de Ramanlal. Si seulement je l'avais prise.

Le lendemain matin, je vais au puits avec Ba et, en rentrant, je lis le journal à Kaka. Depuis quelque temps, il a des problèmes de vue. Il y a un article qui parle de la rencontre de Gandhiji avec le percepteur de Kheda et de son soutien aux ouvriers fileurs d'Ahmedabad. Je n'ai pas retenu une seule ligne de ce que j'ai lu. J'ai beau faire tout un tas de choses ce jour-là, mon cœur reste obsédé par la lettre. Que disait-elle ? Pourquoi ne l'ai-je pas prise ? Ramanlal fera-t-il une nouvelle tentative ?

Cette fois, je la prendrai, c'est sûr.

QUATRE

C'est le soir, Ba et moi étalons la pâte à base de farine de riz cuit, de graines de cumin et de sel. Elle colle et je suis sans cesse obligée de remettre de l'huile sur mon rouleau. Une fois sèches, les *kichus* se conservent plusieurs mois et il suffit de les faire griller ou frire avant de les manger. Cette fois, Ba m'a laissée faire la pâte toute seule : cela fait partie de ce qu'elle doit m'apprendre avant mon anu, avant que je m'installe dans la famille de Ramanlal.

Je répartis la pile de kichus sur du papier journal pour qu'elles sèchent. À peine ai-je terminé que je vois Gros Soma traverser la cour en courant, les bras battant l'air, l'écume aux lèvres, les yeux exorbités comme s'il avait vu *Yamraj*, le dieu des morts.

– Qu'est-ce qui se passe ? lui demande Ba en se levant d'un bond.

Plié en deux, Gros Soma se tient le ventre.

– Leela, donne-lui de l'eau.

Ba passe son bras autour de lui :

– Qu'est-ce qui ne va pas ? On dirait que tu as les poumons en feu.

Je lui tends une timbale d'eau qu'il vide d'un trait, si vite qu'il recrache tout, secoué par une quinte de toux : les kichus sont fichus. J'ai envie de lui crier dessus : « Tu ne peux donc pas boire normalement ? »

Il me regarde en secouant la tête et j'ai soudain la gorge sèche.

– C'est Ramanlal, dit-il. Un serpent l'a mordu.

Je ravale le cri qui monte en moi, les deux mains plaquées sur ma bouche.

– Notre Ramanlal ? s'étrangle Ba.

– Oui. Par un *kalotar*.

– Non, non, non ! Ce n'est pas vrai ! crié-je en secouant la tête.

Le kalotar est un des serpents les plus venimeux, et si… Sous mes pieds, le sol se dérobe. Je m'assois. Je voudrais demander à Gros Soma où est Ramanlal mais la peur a avalé ma langue et aucun son ne sort de ma bouche.

Ba s'agrippe au mur, sa voix chavire :

– On a fait venir Shamji ?

Shamji est un *bhoova* qui connaît les incantations pour faire sortir le poison du corps.

– Il est à Thasara. Un des frères de Ramanlal est parti le chercher, mais le temps qu'il arrive et qu'il le ramène, il risque d'être…

Gros Soma n'a pas besoin d'en dire plus. Le temps est un facteur décisif : il faut intervenir avant que le venin se répande. Sinon, aucun sorcier, même le plus érudit, ne pourra le sauver.

Mon petit univers s'obscurcit soudain : il y fait aussi sombre que dans le ventre d'un kalotar. Ba me serre fort dans ses bras : nous tremblons toutes les deux.

Tout devient flou, distant.

– Qui va l'annoncer à Bapuji et à Kaka ? demandé-je, presque sans le vouloir.

– Je vais aller les voir à la ferme, Leela. Sois courageuse, dit-il d'une voix pâteuse et chevrotante.

Il s'éloigne en martelant le sol. Le bruit de ses pas laisse bientôt place au silence.

Ba allume une lampe de prière et veille à ce que la flamme ne s'éteigne pas en ajoutant régulièrement du ghee. Puis elle me prend dans ses bras et entonne la *Rama Raksha Stotra*, une prière pour le salut de Ramanlal.

Je ferme les yeux pour les rouvrir presque immédiatement : j'ai peut-être rêvé toute cette histoire. Mais les kichus posés là, à peine terminés, me prouvent que non.

En rentrant, Bapuji est allé directement chez Ramanlal avec Kaka. Quand il revient nous chercher, il a le visage sombre et semble avoir vieilli de plusieurs années en une seule journée.

– Le bhoova est arrivé ? lui demandé-je.

– Pas encore.

Nous faisons route vers la maison de Ramanlal quand soudain un cri perçant déchire la nuit calme. Ba me serre la main, Ramanlal vient de mourir. On me laisse à peine le temps de l'apercevoir avant de me conduire dans la pièce du fond. Je m'assois dans un coin avec Ba, les larmes ruissellent sur nos joues. Il y a d'autres femmes, mais la faible lumière ne me permet pas de distinguer leurs visages : je n'entends que leurs pleurs.

Je ne sais pas combien de temps nous restons assises là.

À la tombée de la nuit, une faible complainte s'élève, comme du fond d'un puits :

– *Hare Rama, Hare Rama, Rama Rama Hare Hare.*

On prépare le corps de Ramanlal pour la crémation. Une femme entre et me tend la main : je ne sais pas qui c'est, elle a les cheveux en bataille et ses yeux sont tout gonflés.

– *Chal*, me dit-elle en effleurant ma main.

Je connais cette voix : c'est celle de la ba de Ramanlal. Elle m'emmène voir le corps : recouvert de draps blancs, Ramanlal est allongé sur un lit composé de tiges de bambou et de deux longs morceaux de bois. Il a le visage serein, comme s'il était simplement en train de dormir. On me tend une guirlande d'œillets aux couleurs vives que je lui passe autour du cou : Ba guide mes gestes tremblants.

Au signal du prêtre, le père de Ramanlal, son oncle, Bapuji et Gros Soma soulèvent le lit : c'est le moment de rejoindre le lieu de crémation, sur les rives du Taransi. Tous les hommes leur emboîtent le pas. Les femmes, elles, restent à l'intérieur.

Alors que la procession s'éloigne, la ba de Ramanlal s'évanouit. Je prends un éventail en bambou pour lui faire de l'air. La mélopée va s'amenuisant dans le lointain tandis que Ba et les autres femmes psalmodient le nom de Rama.

À mon tour, je commence à chanter lentement « *Hare Rama, Hare Rama* » – mais j'ai l'esprit ailleurs, j'accompagne en pensée la procession mortuaire.

Sur le chemin du retour, je repense à ce bûcher funéraire que j'avais aperçu de loin, un jour. Des flammes dorées s'élevaient vers le ciel avant de se transformer en fumée noire, tourbillonnant au-dessus des eaux du Taransi, tandis que les prêtres psalmodiaient pour libérer l'âme du défunt.

Bientôt, le prêtre va procéder à la cérémonie et à la crémation du corps de Ramanlal. Je ne le reverrai plus jamais. Si seulement j'avais cette lettre…

C'est sans doute sans importance. Et de toute façon, désormais, plus rien n'a d'importance.

En rentrant, Bapuji et Kaka prennent un bain. Ils n'ont pas leur chemise, et je m'aperçois qu'ils ne portent plus leur janoi sur l'épaule droite. Ba en sort des propres du placard en bois.

– Je croyais que les hommes ne changeaient de janoi qu'au moment de la mousson.

– Et aussi après avoir incinéré un membre de leur famille.

– Je ne le savais pas.

– Il y a beaucoup d'autres choses que tu ignores, marmonne Ba en détournant les yeux.

Je n'ai encore jamais parlé du veuvage avec elle. On raconte que, pour une femme, c'est comme être enterrée vivante. L'année qui suit la mort de son mari, une veuve n'a pas le droit de sortir de chez elle : elle est censée s'installer dans un coin et ne plus en bouger, on appelle cela *khuno palvo*. Je vais donc devoir rester confinée à la maison. J'aurai juste le droit d'assister à la cérémonie organisée neuf jours après le décès.

Kaka passe l'après-midi muré dans un silence de pierre. Quant à Bapuji, il est pâle comme un linge. Ba n'arrête pas de pleurer, ses pleurs semblent intarissables, comme une pluie de mousson.

– Ô Rama, ce n'est pas un simple petit accroc que je peux facilement raccommoder, c'est toute mon âme qui s'est déchirée. Que dois-je faire ? Ô Rama, que vais-je faire d'elle ? marmonne-t-elle en essuyant ses larmes du bout de son sari.

Puis elle se remet à pleurer et à se balancer jusqu'à la transe. Ça me fait peur. J'aimerais tellement que Kaki soit là !

Ba m'enlève mes bracelets en or, mais ça ne me dérange pas parce que je les trouve assez quelconques. Je tiens beaucoup plus à mes bracelets en verre et à mes lakkh.

– Une veuve ne doit pas porter de bracelets, m'explique-t-elle.

Ils sont censés être des porte-bonheur : or, quand une femme perd son époux, c'est que sa bonne étoile l'a abandonnée. C'est aussi pour cela qu'elle ne pourra jamais se remarier. Je sais tout ça.

– Quand retireras-tu les autres ? demandé-je en regardant mes poignets.

Ba mord un bout de son sari.

– C'est une autre *widhwa* qui doit le faire.

Une autre widhwa ? Que veut-elle dire par là ? Je réalise soudain que la veuve, c'est moi. Le mot résonne contre les parois de mon crâne.

Ba range les bracelets dans le coffre qui contient tous les bijoux en or. Jivima, une de nos voisines et une amie de Kaki, arrive un peu plus tard. Elle est aussi vieille que le Gange, elle voit mal et marche avec une canne. Elle porte toujours un sari brunâtre, le sari des veuves, qu'on appelle *chidri*.

Ba nous emmène à l'arrière de la maison. Jivima attrape un caillou et me dit d'une voix tremblotante :

– Leela, mets tes mains à plat.

Ba me maintient les mains et Jivima cogne doucement sur les bracelets.

– Non, gémis-je sans pouvoir retirer mes mains.

Les bracelets cassés gisent sur le sol. Je regarde mes poignets nus et des larmes coulent sur mes joues.

Puis Ba sort un de ses saris et me demande de me changer.

– Tu devras t'habiller en noir jusqu'à la cérémonie du neuvième jour.

CINQ

Kaki est de retour dès le lendemain : Bapuji a dû la faire prévenir. Quand elle ouvre la porte, une bouffée d'espoir m'envahit, qui s'évanouit dès qu'elle s'approche de moi, aussi instantanément que l'air chaud que je souffle sur mes mains pour les réchauffer, les matins d'hiver.

Elle est vêtue de noir, de la tête aux pieds. Mais, il n'y a pas que cela : son visage aussi semble différent, comme s'il lui manquait quelque chose. Au bout d'un moment, je remarque qu'elle n'a plus son anneau dans le nez : cela lui donne un air plus sévère. Ba, elle, n'en porte qu'en certaines occasions. Mais, de toute façon, l'une et l'autre devront s'en passer désormais. Comme elles devront se passer de fleurs et de saris colorés. C'est la tradition quand on a une fille veuve à la maison.

Dès que Ba aperçoit Kaki, elle se met à sangloter, puis elle s'effondre sur le sol. Kaki maintient sa tête sur ses genoux et me prend dans ses bras. Elle pleure en silence, pas comme les autres. Ses larmes roulent sur ses joues et atterrissent sur son sari, qui les absorbe instantanément. Je ne l'avais jamais vue pleurer.

Kanubhai aussi a été prévenu et je sais qu'il assistera à la cérémonie du neuvième jour.

– Je lui ai retiré ses bracelets, explique Ba à Kaki, il faudra enlever le reste avant la cérémonie. Tu m'aideras ?

Sans prendre la peine de répondre, Kaki détache mon collier en or, enlève mes boucles d'oreilles et essaie de retirer les bagues en argent que je porte aux orteils. Ba s'agrippe à son sari et le fourre dans sa bouche pour étouffer son cri. Les bagues sont un peu étroites et Kaki a du mal à les enlever. Elle va chercher un seau d'eau chaude et savonneuse pour m'y faire tremper les pieds. Puis elle s'agenouille en face de moi et fait glisser les bagues une par une. Ensuite, elle me passe autour du cou un collier en perles de *tulsi*. Le tulsi est une plante d'essence divine, à partir de laquelle on fabrique des perles, elles aussi sacrées. Ce collier en bois semble terne même en pleine lumière, surtout à côté de l'ancien, en or, si étincelant.

Kaki rassemble mes bijoux.

– C'est tout ce qu'il me reste, marmonné-je en tripotant les perles marron.

– Ces bijoux t'appartiennent pour toujours, même si tu n'as plus le droit de les porter, m'assure-t-elle en ouvrant ses paumes.

Elle les dépose dans ma main et je les regarde une dernière fois avant de les lui rendre.

– Je les mets de côté, mais sache qu'ils sont à toi, jusqu'au jour où tu décideras de les donner, m'explique-t-elle tandis qu'elle les noue dans un mouchoir.

Si je ne peux plus les porter, qu'est-ce que ça peut bien me faire de savoir qu'ils sont à moi ?

– Je ne veux plus jamais les revoir.

Elle me serre fort dans ses bras, comme si elle avait peur de me perdre.

Nous passons les huit jours suivants comme pelotonnés dans notre tristesse. Entre les larmes de Ba, le regard triste de Bapuji et le visage abattu de Kaka, seule Kaki fait preuve de courage.

Tous les après-midi, Kaki nous prépare du thé. Puis, dès que nous avons fini de le boire, elle s'adresse à Ba :

– Il faut qu'on se prépare pour accueillir les invités.

Elles s'aspergent le visage d'eau froide, lissent leurs cheveux et Kaki remplit sa petite boîte de tabac à priser.

Les invités arrivent peu de temps après pour *kharkharo*, le rituel de deuil. Les femmes pleurent avec Ba et Kaki, et les hommes fument en compagnie de Bapuji et Kaka dans la cour de devant.

Je ne sais pas de quoi les hommes parlent parce que je ne les entends pas, et je ne comprends pas grand-chose à ce que racontent les femmes parce qu'elles n'arrêtent pas de pleurer. Au bout d'un moment, je ne fais plus attention à elles.

Le soir, la tête posée sur les genoux de Kaki, je songe à la vie que j'avais avant que Ramanlal meure. Les foires, les fêtes et les réjouissances, les visites chez Ramanlal, la lettre que j'ai failli prendre… Autant de choses qui désormais n'existent que dans mes souvenirs. Je dois me résigner à être une veuve. Mais maintenant que ma bonne étoile m'a abandonnée, je suis à la fois effrayée par ce qui m'attend et nostalgique de ce qui n'existe plus.

Cela fait huit jours que Ramanlal est mort. Le soir, Ba est prise d'une migraine. Kaki fait griller des clous de girofle puis elle les écrase dans de l'eau pour obtenir une sorte de pâte. Pour apaiser ses maux de tête fréquents, Ba se frictionne le front avec cette préparation, puis elle la plie dans un linge et va s'allonger dans une pièce sombre, jusqu'à ce qu'elle se sente mieux. Sa chambre sent toujours le clou de girofle.

Ba est partie se coucher et je m'assois à côté de Kaki. Elle garde les yeux rivés au sol, comme si elle avait peur de me regarder, et prend de grandes inspirations, comme si elle manquait d'air.

– Kaki, tu es malade ?

– Non. Comment te dire ça ? Demain…

Mais elle ne finit pas sa phrase : les sanglots l'étranglent, des larmes roulent sur ses joues. Elle met sa main sur la mienne.

– Tes cheveux… Il faut les couper.

– NON ! hurlé-je en la repoussant.

– Nous n'avons pas le choix.

Je regarde mes cheveux, mes si beaux cheveux : noirs, épais et ondulés comme les nuages de la mousson. Ils m'arrivent presque à la taille. Renoncer à mes bijoux, c'était déjà horrible, mais au moins je ne suis pas née avec. Alors que mes cheveux sont à moi : c'est Dieu qui me les a donnés. De quel droit pourrait-on me les enlever ?

J'ai tant de colère en moi, je voudrais crier, hurler. Je vais devenir folle sans ça.

– Personne ne touchera à mes cheveux !

– Leela, nous devons respecter la coutume.

Nos traditions font partie intégrante de notre vie et il y en a beaucoup que j'apprécie, comme Diwali ou d'autres réjouissances : ce sont des moments de bonheur pour tout le monde. Mais si on me rase la tête, ça ne fera plaisir à personne et ça me rendra très malheureuse, moi.

– De quel droit ? Et pourquoi ? Ça ne sert à rien.

Kaki secoue la tête.

Je réalise soudain que ce n'est qu'une convention, fabriquée de toutes pièces, et quelque chose en moi se brise net.

– Je rejette cette coutume. Rendez-moi mes bracelets, mes boucles d'oreilles, mon ghagri-poulka ! Rendez-moi tout ! Tout !

Je crie et ma voix tremble comme si j'étais incapable de la dominer.

Bapuji m'a entendue.

– Une veuve doit apprendre à vivre comme telle, dit-il.

– Ô Rama, supplie avec désespoir Kaka.

J'aimerais demander à Bapuji pour quelle raison je dois subir autant de souffrances alors que je n'ai rien fait de mal, mais je me contente d'obtempérer.

– Entendu, Bapuji.

C'est mon père et j'ai du respect pour lui.

J'observe fixement les petites bandes de peau blanche sur mes orteils, là où je portais mes bagues. Le jour où Kaki me les a enlevées, les marques étaient nettes et blanches, mais elles s'assombrissent doucement. Dans quelques jours, elles auront complètement disparu, et je serai bien incapable de dire à quels orteils je les portais. Au fur et à mesure que ces marques s'effaceront, la phrase de mon père, « une veuve doit apprendre à vivre comme telle », prendra tout son sens.

Le neuvième jour, avant le lever du soleil, le barbier Nathu arrive, la mine sombre, sa sacoche en cuir beige à la main. Il évite de me regarder.

– Ba, je dois vraiment ? imploré-je une dernière fois.

– Tu n'as pas le choix.

– Et si tu en parlais à Bapuji ? Les bijoux, ça m'est égal, les bijoux, mais laissez-moi garder mes cheveux.

Elle se tait.

Je m'agrippe à ma longue natte tandis que Bapuji et Kaki m'emmènent à l'arrière de la maison, là où Jivima a cassé mes bracelets. Ba nous suit, une lanterne à la main.

– Leela, lâche ça, m'ordonne Bapuji d'une voix ferme.

Un hurlement monte du plus profond de mon être, mais ce sont des larmes qui sortent.

Kaki défait ma natte. Les lèvres tremblantes, je lève vers Ba des yeux suppliants : quand nos regards se croisent, elle se détourne pour fixer un point par-delà l'horizon sombre.

Le jour se lève à peine et Nathu recouvre le sol d'une toile de jute. Je m'assois, les genoux ramenés vers la poitrine. Kaki s'agenouille devant moi et pose ses larges mains sur mes épaules tandis que Nathu s'installe dans mon dos. Il attrape ses ciseaux et coupe au plus près du crâne : mes cheveux tombent en cascade et viennent former un tas sur le sol. Il les repousse sur le côté avant de me raser le crâne au rasoir, pour qu'il soit lisse et brillant.

Quand je me lève, ma tête me paraît plus légère : est-ce parce qu'elle est délestée du poids de mes cheveux ou parce que je suis sur le point de m'évanouir ? Ba et Kaki me tendent la main et je prends appui sur elles.

Je regarde le tas de cheveux par terre : plus jamais je ne les laverai avec de l'*aritha*, plus jamais je ne les ferai sécher dans les rayons caressants du matin, plus jamais Ba ne les frictionnera avec de l'huile avant de les peigner…

Je n'ai appris que l'an dernier à faire les chignons. Dire que je me suis entraînée et entraînée pour attraper le coup de main et obtenir chaque fois un chignon parfaitement rond… Tout cela pour rien.

Doux comme un ange, le soleil se lève à l'est tandis qu'ils me font rentrer à l'intérieur.

Depuis neuf jours, j'ai beaucoup pleuré, de quoi remplir un puits, et ce matin, j'ai encore versé quelques larmes avant que tout le monde arrive. Difficile de dire où finit mon visage et où commence mon crâne, maintenant qu'on m'a rasée. Je regarde mon front dans la glace, lisse comme une ardoise neuve. Pas si lisse en fait, parce que c'est désormais le front d'une widhwa, d'une *raand*, comme certains ne manqueront pas de m'appeler. Je déteste ce mot, qui veut dire veuve, mais dans un sens péjoratif. C'est une insulte. Pourquoi le *kismet* a-t-il gravé sur mon front ce mot si horrible ?

Après le départ de Nathu, je prends un bain. Quand j'ai fini de me laver, Ba me tend un sari.

C'est un chidri, un sari de veuve, comme celui de Jivima. Les femmes en chidri portent malheur et on les évite soigneusement, en particulier lors des célébrations. Mais ce sont de vieilles femmes frêles, comme Jivima, qui ont le visage ridé, les épaules voûtées, à qui il manque des dents. Ou est-ce juste que je n'ai jamais fait attention aux autres, aux jeunes, jusqu'ici ? Et les deux jeunes femmes aperçues autour du feu, alors ? On aurait dit des ombres. Est-ce que je vais devenir comme elles et me confondre avec la nuit ?

Je déplie doucement le chidri. Il a une drôle d'odeur – peut-être celle de la filature de coton – et il est rêche et raide sous mes doigts. Nous achetons toujours du coton de bonne qualité, qui s'assouplit après avoir été lavé. Je sais bien que ce chidri aussi va s'adoucir.

Il est couleur tabac, avec une pointe de vermillon, plus marron que rouge, et parsemé de petites fleurs blanches, sur lesquelles la couleur déteindra bientôt.

Je suis occupée à l'examiner quand Kaki entre dans ma chambre.

– Laisse-moi t'aider, me dit-elle tout en commençant à rentrer le chidri dans mon jupon.

Si c'est là la seule aide qu'elle peut m'apporter, alors il n'y a plus aucun espoir. Le tissu me gratte le ventre : j'ai envie de l'arracher et de le ficher en l'air. Mais les invités ne vont pas tarder à arriver et je dois me préparer à endosser le rôle que m'a attribué mon karma. On n'échappe pas à son karma.

Mais quel genre de karma peut bien mériter ce châtiment ?

Cela fait neuf jours que Ramanlal est mort : c'est une date importante et les invités commencent à arriver peu après le petit déjeuner. À l'ombre du kesuda, Bapuji et Lakha ont installé plusieurs khatlis et des couvertures.

Les plus vieux membres de la famille s'assoient sur les khatlis : ils fument des *bidis*, en chuchotant entre chaque bouffée, tandis que les plus jeunes sont debout ou accroupis par terre. Les femmes s'agglutinent sur la galerie qui court sur trois côtés de la maison. Cela fait trop de chagrin et de lamentations.

Tout à coup, on entend un sanglot strident : c'est Masi. Elle rentre dans la maison en pleurant violemment et en se tapant le torse avec les mains. On dirait qu'elle vient tout juste d'apprendre la mort de Ramanlal et que c'est la première fois qu'elle exprime sa tristesse. Pour montrer son chagrin, c'est la tradition, on pleure et on se frappe la poitrine. Masi excelle dans cet exercice et, aujourd'hui, elle montre au monde entier à quel point elle est dévastée par la mort de Ramanlal.

Ces neuf derniers jours, elle nous a rendu visite quotidiennement. Là, elle m'attrape et me flanque sur ses genoux tout en me serrant très fort.

– Tout le malheur du monde s'est abattu sur ma Leela ! Quelle calamité pour ma sœur ! dit-elle entre deux gémissements.

J'essaie en vain de me dégager de son étreinte, plus forte que celle d'un python malgré ses lamentations ostentatoires.

Deux autres femmes entrent en pleurant et en se frappant la poitrine et je parviens à m'arracher du giron de Masi et à me réfugier dans un coin, d'où j'observe les femmes autour de moi. Chaque nouvelle personne qui entre pleure un moment avec Kaki et Ba puis le calme revient. Entre deux sanglots, ces femmes en noir parlent à voix basse de la mort de Ramanlal et de mon bonheur, volatilisé comme du camphre brûlé.

Ramenant ses cheveux derrière ses oreilles, Masi se met à déclamer :

– Comment ma sœur va-t-elle supporter une telle charge ? Avoir une fille veuve chez soi, c'est comme supporter le poids d'un éléphant sur sa poitrine. Que se passera-t-il quand Leela grandira ? C'est elle la plus jeune, elle est gâtée, et pas qu'un peu, et elle a l'esprit affûté comme une lame de couteau. Elle n'écoutera pas sa ba, et fera honte à sa famille. Je n'ai pas de fille mais si c'était le cas, et qu'elle devienne veuve, je ne la laisserais pas s'éloigner plus loin que le bout de mon sari. Je frémis à l'idée de ce qui l'attend. Qu'arrivera-t-il quand sa beauté s'épanouira ? Elle deviendra aussi indomptable qu'une liane kothimda pendant la mousson.

– Ne t'inquiète donc pas, la rassure Jivima, en posant sa main tremblante sur son épaule. Tu sais bien que la raison précède la beauté. Ce n'est pas pour rien que Dieu nous dote de raison à seize ans et ne nous offre la beauté qu'à vingt. Leela aura tout le temps d'apprendre à se maîtriser pour que sa beauté ne devienne pas un handicap.

Si Masi se fait tant de souci pour moi, elle devrait en parler avec Ba, en privé. Oui, c'est vrai, ma famille me gâte, mais je ne suis pas une sauvageonne et jamais je ne lui ferai honte.

D'autres femmes arrivent, en pleurant bruyamment. Si Masi dit encore quelque chose, ses paroles sont couvertes par leurs sanglots.

La cour est saturée de fumée de tabac. À travers ce nuage, les turbans noirs et blancs des hommes me font penser à d'immenses paniers remplis de shingodas éclatés, dont la chair blanche est entourée d'une peau noire et lisse.

Le ciel s'est éclairci et il fait doux. La maison et la cour sont remplies de gens, mais il manque toujours Kanubhai et ma cousine Jaya. La main en visière, je scrute, par-delà la cour et le portail, la rue poussiéreuse, mais il n'y a aucun attelage à l'horizon.

Quelques instants plus tard, c'est le son des cloches qui m'annonce l'arrivée d'une charrette : les bœufs s'arrêtent devant notre porte et mon cœur bondit. Voilà ma cousine Jaya ! Hier encore, je me serais précipitée vers elle pour lui raconter les derniers commérages sans même lui laisser le temps de franchir la porte. Au lieu de cela, je reste assise et j'attends qu'elle vienne me voir, comme il sied à une veuve.

Jaya est vêtue d'un sari noir, orné d'un motif bleu, qui encadre l'ovale de son visage et ses grands yeux en amande. Un chandlo rouge éclaire son front et elle porte un pendentif en or, niché au creux de son cou. Elle a grandi depuis son anu, ses lèvres et ses joues sont plus pleines. Je me dis qu'elle doit être heureuse avec son mari et sa famille.

Comme nos vies ont changé ! Et si Ramanlal était en vie et que le mari de Jaya était mort ? C'est elle qui serait à ma place et moi à la sienne. Pendant un instant, une tempête de « et si ? » « et si ? » se déchaîne dans ma tête. Je me blottis dans mon chidri comme si je pouvais étouffer mes pensées dans ce bout de tissu grossier.

Jaya se précipite pour s'agenouiller à mes côtés et je me jette dans ses bras.

– Jaya, mais qu'est-ce que je vais faire ? Je vais devenir folle.

– Mais non, je suis là. On discutera plus tard, quand on sera seules, me dit-elle en me serrant longuement dans ses bras.

Quelques instants plus tard, alors qu'elle se lève pour aller servir de l'eau aux invités, me parvient soudain le bruit des enfants qui jouent en riant dehors, dans la rue. Je les imagine en train de courir, soulevant la poussière autour d'eux, et c'est comme si je sentais mes pieds nus danser sur le sol. Je m'approche de la fenêtre.

Kaki est dans la cuisine et les autres sont absorbés dans leurs conversations. Personne ne fait attention à moi, j'en profite pour monter sur le baril en métal qui contient nos réserves annuelles de blé, conservées dans l'huile de ricin. À travers la fenêtre, je vois une fille dont la natte se balance de part et d'autre de ses grandes oreilles tandis qu'elle joue à chat avec les autres. Elle est un peu plus jeune que moi.

Jaya me tape sur l'épaule.

– Descends de là et tiens-toi bien : les gens te regardent.

Je me retourne et elle me donne la main pour m'aider à descendre.

Les femmes en noir se lèvent quand sonnent les cloches en bronze du temple de Rama, appelant à la prière de l'après-midi. Elles partent dans un même mouvement, tel un troupeau de bufflonnes noires. C'est l'heure de se rendre chez Ramanlal pour la cérémonie.

Les hommes marchent devant et les femmes les suivent. Je me dis que demain, après-demain, dans un mois, ils passeront à autre chose. Après la période de deuil, les hommes enrouleront de nouveau autour de leur tête des turbans colorés, avec des fils dorés et argentés ; les femmes porteront des saris couleur d'aubergine et de citron vert, leurs bracelets tinteront à leurs poignets, et dans leur nez brillera leur anneau. Leur cœur débordera de joie à l'occasion des fêtes, des mariages et autres réjouissances. Et moi, je serai exclue de tout cela. Jamais plus je ne connaîtrai la joie.

Mon frère Kanubhai arrive au moment où tout le monde sort dans la rue. Il doit se baisser pour ne pas se cogner la tête dans le chambranle de la porte : il est plus grand que Bapuji, Kaka et que la plupart des hommes de Jamlee. Nous le trouvons devant la porte alors que nous nous apprêtons à suivre les autres jusqu'à la maison de Ramanlal. Il a le visage rouge comme s'il avait couru un kilomètre. En me voyant, son visage blêmit.

– Ba, Kaki, qu'est-ce que vous lui avez fait ? C'est une… C'est une enfant ! C'était vraiment nécessaire de lui raser la tête ? demande-t-il, le souffle court.

– Tu sais bien que nous n'avions pas le choix, lui répond Ba.

– C'est la coutume, je le sais, mais rien ne vous oblige à la suivre à la lettre. C'est un crime ! crie-t-il.

Le ton de sa voix fait se retourner les femmes, qui essaient de voir ce qu'il se passe.

Ba met un doigt sur sa bouche.

– Ce n'est pas le moment de faire des histoires. Je ne veux rien entendre jusqu'à ce qu'on rentre à la maison. Quand on vit en société, on en respecte les règles.

– Et sinon quoi ? Qu'est-ce qui va se passer ? Les gens vont nous exclure de notre caste ? Grand bien leur fasse ! s'emporte-t-il, le corps tremblant.

– On sera comme des morts-vivants, mis à l'écart, et quand on mourra, on ne pourra même pas compter sur quatre hommes pour nous emmener jusqu'au lieu de crémation, réplique Kaki.

– Alors, on sacrifie Leela, c'est ça ? hurle-t-il.

Cette fois, ce sont les hommes qui se retournent pour voir ce qu'il se passe.

– Pour l'amour du ciel, attends qu'on soit rentré à la maison, le supplie Kaki.

Il serre les dents comme pour mieux sceller ses lèvres.

Ba montre du doigt le groupe d'hommes qui marchent en tête, précédant les femmes.

– Dépêche-toi de rejoindre Bapuji et Kaka : ils ont besoin de toi.

– C'est Leela qui a le plus besoin de moi pour le moment et je marcherai à ses côtés, déclare-t-il en me prenant la main. Je suis désolé, vraiment désolé, que tu doives endurer tout ce, tout ce…

Sa voix se brise et il ne peut achever sa phrase.

Je serre ses doigts fermes, essayant de puiser en eux autant de force que possible. Je voudrais simplement qu'il reste là, près de moi. Si Jaya et lui sont à mes côtés, je me sens capable de supporter mon veuvage.

– Aide-moi, murmuré-je.

– Tu peux compter sur moi, me répond-il en me pressant la main.

À peine sommes-nous arrivés chez Ramanlal que Gros Soma se précipite vers Kanubhai. Ba m'attrape par la main.

– Tu ne peux pas aller avec eux, viens avec moi.

Je m'assois entre Ba et Kaki, au milieu d'autres femmes. La mère de Ramanlal a les yeux rouges et gonflés, tout comme Ba. Il s'en dégage une telle tristesse que j'évite de les regarder. La cérémonie commence et le prêtre récite un passage de la Bhagavad-Gita.

– Pas plus qu'elle ne naît, l'âme ne meurt : elle est impérissable et éternelle.

Nous sommes adeptes de Sanatan Dharma, la loi éternelle. À nos yeux, ce que vient de dire le prêtre, c'est une vérité supérieure, qui doit régir notre vie quotidienne ainsi que toutes nos actions. Selon notre religion, seul le corps de Ramanlal a disparu. Mais si son âme est vraiment éternelle, pourquoi devrais-je être punie ?

Le prêtre continue à psalmodier de sa voix monotone et apaisante qui me donne envie de dormir. Je manque de m'assoupir et Ba me donne un coup de coude.

De retour à la maison, j'ai envie de parler à Kanubhai, mais il s'enferme avec Kaka et Bapuji dans la chambre de Kaka. De notre côté, Ba, Kaki, Jaya et moi, nous nous installons dans le chauk. Je suis tellement fatiguée que je pose ma tête sur l'épaule de Jaya. Je me réveille sous une couverture en soie, la tête posée sur un oreiller qu'on a dû glisser pendant mon sommeil.

– Tu as dormi longtemps, m'informe Jaya, qui lit un livre, assise à côté de moi.

Je lève les yeux vers le ciel et constate que le soleil a disparu derrière le *jamboo*. Je plie la couverture, tout en jetant un œil vers la chambre de Kaka : la porte est ouverte, mais il n'y a plus personne.

– Jaya, où est Kanubhai ?

– Il est parti.

– Mais où ?

– Il est retourné à Ahmedabad, m'explique-t-elle en essuyant une larme. J'ai essayé de le retenir mais en vain.

– Mais je croyais qu'il allait rester.

Je suis saisie d'une terrible angoisse. Kanubhai a dû se disputer avec Bapuji et Kaka. Ils se sont énervés et ils lui ont demandé de quitter la maison. Et s'ils lui avaient interdit de remettre les pieds ici ?

– Le ton est monté ? demandé-je à Jaya.

– Ils ont discuté un bon moment, mais je n'ai rien entendu, me répond-elle avant de sortir un bout de papier de la poche de son poulka. Avant de partir, il m'a donné ça pour toi.

Je déplie le papier et lis :

Leela, ma sœur adorée,

J'ai été obligé de partir, à cause d'une dispute avec Bapuji. La mort de Ramanlal est un événement terrible, mais je ne comprends pas pourquoi on t'oblige à te raser les cheveux et à porter un chidri. J'ai essayé de faire entendre raison à Bapuji mais il n'a pas voulu m'écouter. Il pense que j'ai l'esprit pollué par des idées progressistes et que je ne respecte pas la tradition. Il n'y a pas de mot pour décrire ma tristesse et mon indignation.

Je promets de t'aider à te sortir de cette vie misérable.

Je reviens bientôt.

Ton frère.

Je tends le mot à Jaya pour qu'elle le lise.

– Si seulement il t'avait emmenée avec lui.

– Je ne sais pas quand il reviendra mais ce qui est sûr, c'est que moi je serai toujours là, assise dans mon coin.

Le sang quitte mon visage et mon cœur se glace.

SIX

Notre foyer a perdu sa joie de vivre et rien ne peut la raviver. Chaque fois que Ba me regarde, elle se met à pleurer. Kaki ne sort pas de la cuisine, pourtant elle cuisine peu et sert le repas en silence. Tous les matins, elle prie longuement et je me demande ce qu'elle peut bien implorer. Ni elle ni Dieu ne peuvent changer quoi que ce soit à ce qui nous arrive, n'est-ce pas ?

Bapuji et Kaka sont partis à la ferme pour arroser le blé d'hiver et l'empêcher de mourir. Je ne vois pas très bien à quoi ça sert, mais cela leur permet au moins de sortir de la maison. Sinon, ils restent là, à errer comme des âmes en peine. Avant, Kaka tirait beaucoup d'orgueil de son habileté à aligner parfaitement les plis de son turban. Alors que, maintenant, il est tout écrasé, tout aplati. Bapuji a le regard terne, apathique et ses yeux se sont enfoncés plus profondément dans leurs orbites. Il a les épaules voûtées comme s'il portait une meule de foin.

Nous n'avons aucune nouvelle de Kanubhai. Ne sait-il donc pas que j'ai besoin de lui ? J'ai l'impression que notre famille a disparu avec Ramanlal.

Jaya ne me quitte jamais, comme si elle avait peur que je me perde. Nous dormons sur un matelas étalé sur le sol du chauk. Le matin, elle attend que je me réveille pour se lever puis, assises côte à côte dans le patio, derrière la maison, nous mâchonnons nos bâtons d'acacia pour nous laver les dents, avant que Jaya n'aille préparer le thé.

Après le petit déjeuner, Jaya me lit le journal : la plupart du temps, les mots ne font qu'effleurer mes oreilles sans parvenir jusqu'à mon cerveau.

Un jour, elle prend le journal et je vois son visage s'assombrir au fur et à mesure de sa lecture attentive.

– Qu'est-ce qui se passe ? demandé-je.

Elle lève la main pour m'intimer de me taire. Elle termine sa lecture et prend une grande inspiration.

– Gandhiji a entamé une grève de la faim qui durera jusqu'à ce que les tisserands et les patrons du textile trouvent une solution à leur conflit.

Je me rappelle avoir lu que les ouvriers fileurs réclamaient une augmentation de salaire, que leurs patrons refusaient de leur accorder.

– Je ne vois pas ce que ça va changer pour les patrons. Ils sont riches : qu'est-ce que ça peut leur faire que Gandhiji mange ou pas ?

– C'est un proche de leur famille : ils l'apprécient et ne veulent pas qu'il meure de faim.

Gandhiji n'est ni un ouvrier ni un patron, et je trouve ça étrange qu'il soit prêt à risquer sa santé et sa vie pour les autres. Mais comme Jaya a l'air contrarié, je ne lui pose pas d'autres questions.

Cet après-midi, Masi, Jivima, Heeraben et d'autres voisines se retrouvent sur la galerie et Jaya me demande si j'ai envie d'aller bavarder avec elles.

Je fais non de la tête, je n'ai envie de voir personne en dehors de ma famille.

– Ça te ferait du bien, insiste Jaya.

– Ah oui, et en quoi ? J'ai entendu leurs messes basses, je sais à quel point elles me trouvent laide sans mes cheveux. Mais vas-y, toi, puisque tu n'as pas envie de rester avec moi.

Je regrette immédiatement ce que je viens de dire. Alors que, ces derniers jours, Jaya a été l'ombre de mon ombre, voilà que je me mets à lui en vouloir. Si mon accès de colère l'a blessée, elle n'en montre rien.

– Tu veux qu'on reste là et qu'on lise le *Mahabharata* ? me propose-t-elle.

Le *Mahabharata* est un poème épique qui raconte le combat entre les deux branches d'une dynastie ancienne. D'un côté, il y a cinq frères vertueux, les Pandava, et de l'autre, cent frères cupides, les Kaurava. Kaki m'a déjà raconté cette histoire de nombreuses fois, mais je ne l'ai jamais lue, parce qu'elle est très longue et que l'ouvrage est très lourd. Jaya pose le livre sur un chevalet et nous nous installons en tailleur par terre.

Chaque après-midi, Jaya m'en lit quelques pages. Quand elle en a assez, je prends la relève. Mon personnage préféré, c'est le deuxième des frères Pandava, Bheem. Il est extraordinairement fort et les Kaurava le craignent. Un jour, après avoir chahuté Bheem, la fratrie diabolique se réfugie dans un arbre, sachant qu'il est bien trop gros pour monter les chercher là-haut. Mais Bheem est aussi très intelligent. Il saisit le tronc entre ses bras et se met à le secouer si fort que les cent Kaurava tombent de l'arbre les uns après les autres, comme des fruits.

Rien que de l'imaginer, ça nous fait rire aux éclats. L'espace d'un instant, j'en oublie tout le reste : il n'y a plus que cette histoire et nous. Et puis, sans prévenir, mon rire vire au sanglot et je lâche :

– Je vais rester veuve toute ma vie, c'est ça ?

Les yeux de Jaya se remplissent de tristesse. J'appuie ma tête sur son épaule et je me mets à jouer avec ses mèches.

– Mes cheveux me manquent.

– Tu peux peigner les miens si tu veux.

– Tu crois qu'un jour je pourrai les laisser repousser ? lui demandé-je en levant les yeux vers elle.

– Je n'en sais rien.

J'ai les yeux rivés sur les pages du livre, dont les lignes semblent se confondre.

– Gandhiji a écrit de nombreux articles sur la façon dont notre société maltraite les femmes et les intouchables, murmure Jaya. Ses idées sont diffusées dans les journaux, les gens en parlent : notre pays est en train de changer. Notre peuple va peut-être renoncer à ses vieilles habitudes. Peut-être…

– Gandhiji peut bien écrire ce qu'il veut, tu crois vraiment que les gens se préoccupent de justice ? Regarde-moi : si c'était le cas, je ne serais pas assise là, recluse, la tête rasée et vêtue d'un chidri, dis-je en me redressant.

– Oh, Leela, me console-t-elle en me posant la main sur l'épaule.

– Rien ne changera jamais à Jamlee.

– Souviens-toi, il y a quelques jours, quand Gandhiji a commencé son jeûne, tu pensais que les industriels camperaient sur leur position. Pourtant, ils ont fini par augmenter leurs ouvriers.

– C'est différent. Gandhiji est un homme politique, en tant que tel, il peut venir en aide aux ouvriers pauvres, mais en quoi pourrait-il m'aider, moi ? Les hommes politiques négocient avec les patrons mais pas avec les habitants de Jamlee. Kanubhai s'est disputé avec Bapuji à mon sujet. Si Bapuji n'écoute pas son propre fils, comment pourrait-il écouter un étranger comme Gandhiji ?

– Je ne sais pas, répond Jaya, les sourcils froncés.

– Ce qu'il me faut, c'est un miracle, marmonné-je en secouant la tête avant de me remettre à lire le *Mahabharata*, qui en regorge.

Cela fait trois semaines que Jaya est ici et il est temps pour elle de rentrer. La veille de son départ, arrive une lettre de Kanubhai, mais elle n'est pas pour moi. Le soir, une fois couchée, je demande à Jaya :

– Tu sais ce que Kanubhai a écrit ?

– Pas du tout, me répond-elle en se tournant vers moi.

– Pourquoi personne n'en parle ?

– Ne t'inquiète pas, je suis sûre qu'il va bientôt t'écrire.

– Tu dois vraiment t'en aller ?

– Oui, me répond-elle en me touchant l'épaule.

Je n'arrive pas à m'imaginer sans elle. Qu'est-ce que je vais faire de mes après-midi ? Avec qui je vais parler ?

– Tu reviendras bientôt ?

Elle fait non de la tête.

Une boule venue de nulle part se forme dans ma gorge. Je reste allongée là, à penser aux étés où Jaya venait avec sa mère, la sœur de Kaka et de Bapuji. Nous jouions à la corde à sauter, à la marelle et nous allions ensemble au temple. Le reste de l'année, j'étais jalouse des autres filles qui avaient des frères et des sœurs avec qui jouer, mais ma jalousie s'évanouissait avec l'arrivée de Jaya.

L'après-midi, pendant que les adultes faisaient la sieste et que Kanubhai lisait, Jaya me tressait les cheveux ou alors nous cueillions des feuilles de mehndi que nous écrasions sur la pierre à laver, à l'ombre du jamboo, jusqu'à ce que nos mains deviennent rouges. Parfois, elle me racontait une histoire, ou bien nous prenions les vieux saris de Ba et de Kaki que nous accrochions sur la galerie, et ça nous faisait comme une petite chambre où nous jouions au papa et à la maman avec ma dînette en laiton. Si seulement Jaya pouvait rester avec moi encore quelques mois... Mais c'est désormais une femme mariée qui a des responsabilités : sa belle-sœur attend un enfant et Jaya doit retourner dans sa famille.

La boule au fond de ma gorge éclate et je pleure doucement.

– Leela, j'aimerais tant pouvoir rester toute l'année, murmure Jaya.

Je sais qu'elle ne dit pas ça en l'air : si elle pouvait, elle resterait. Je remonte ma couverture jusqu'au menton, bien que la nuit soit assez douce et que le sol en pierre du chauk restitue la chaleur du soleil emmagasinée pendant la journée.

– Quand tu seras partie, avec qui je vais discuter ? qu'est-ce que je vais faire ?

J'ai de nouveau les larmes aux yeux.

Elle me presse l'épaule.

– Ce n'est pas pour rien que ta Masi te traite d'enfant gâtée : tu obtiens toujours ce que tu veux. Alors c'est le moment de te montrer opiniâtre : bats-toi !

– Je vais essayer, mais sans toi, ça sera dur. Tu vas me manquer.

– Toi aussi, me dit-elle en m'embrassant sur la joue.

Juste au-dessus de moi brillent les sept étoiles de la Grande Ourse, qu'on appelle *Saptarshi*, en hommage aux sept *rishis*, qui vécurent il y a très longtemps. Je sollicite leur bénédiction et leurs conseils avisés. Je leur demande également de me donner du courage. Après tout, s'ils ont le pouvoir de rendre un lion aussi docile qu'une vache et d'inverser le cours d'un fleuve, ils peuvent peut-être aussi changer la vie d'une veuve.

Kaki m'a un jour raconté l'histoire de Markand, un enfant né à l'époque des rishis, à qui on ne donnait pas plus de cinq ans à vivre. Chaque fois qu'il croisait un rishi, il joignait les mains et se courbait très bas en signe de respect. Et, chaque fois, les rishis lui souhaitaient longue vie. Au fil des ans, Markand avait accumulé de nombreuses bénédictions de la part de plusieurs grands rishis et on raconte qu'il vécut éternellement.

– Jaya, murmuré-je, tu crois que Saptarshi peut me bénir de si loin ?

Au lieu de me répondre, elle se tourne sur le côté en marmonnant :

– Saptarshi, Saptarshi.

Je regarde ses cheveux et sa boucle d'oreille qui baignent dans la lumière de la lune. Sa respiration ralentit. Il n'y a plus que le vent qui m'écoute.

Jaya part le lendemain matin très tôt, dans une charrette à bœufs. Elle a beau être en deuil, elle ne peut pas retourner chez son mari vêtue de noir, la couleur du malheur et de la mort. Elle porte donc un sari blanc bordé de bleu autour duquel Ba a enroulé un vieux morceau de tissu pour qu'elle ne se salisse pas pendant le trajet.

Après son départ, la maison me paraît aussi silencieuse qu'un lieu de crémation. Nous sommes en deuil et nous ne pouvons donc pas célébrer les fêtes, assister aux mariages ou aux cérémonies de janoi. Les jours se suivent et se ressemblent. Rien que d'y penser, j'ai l'impression d'étouffer. Et dire que je dois rester encore onze mois cloîtrée ainsi !

Je suis veuve et l'on s'attend à ce que je me comporte comme telle. Si les changements dont m'a parlé Jaya se produisent, alors ma vie aussi changera. Tout comme les paysages passent du marron au vert, sous l'effet de la pluie. J'ai du mal à y croire mais je garde espoir.

SEPT

Il y a un mois jour pour jour, Ramanlal a été mordu par un serpent : c'est la première chose à laquelle je songe en me réveillant le lendemain matin. J'essaie de chasser cette pensée de mon esprit, mais elle y reste suspendue telle une cloche au cou d'un bœuf, qui, je le sais, retentira toute la journée.

Kaki revient du puits en nage. Elle dit que le soleil a aspiré l'eau, le niveau est si bas qu'elle n'a pu rapporter qu'une cruche au lieu de deux, pour boire et faire la cuisine. Par la fenêtre, je regarde le kesuda secouer ses fleurs flétries. Avant la mousson, il nous reste encore à passer les deux mois les plus chauds, avril et mai. Que ferons-nous si le puits s'assèche d'ici là ?

C'est la période où l'on paie les impôts sur la récolte précédente mais, à cause de la sécheresse, certains fermiers de la région de Kheda n'ont pas d'argent. Gandhiji a exigé en vain que le sarkar suspende les impôts. Dans une ville voisine, un fermier s'est suicidé parce qu'il ne pouvait pas payer. La nouvelle s'est répandue rapidement et, le soir même, plusieurs fermiers de Jamlee se sont réunis sous notre kesuda. Contrairement à d'habitude, ils ont très peu parlé et d'une voix étouffée.

Quelques jours plus tard, alors que Ba et moi sommes en train de faire la vaisselle, Bapuji vient nous voir :

– Après-demain, Gandhiji vient à Nadiad parler aux fermiers et j'ai décidé d'y aller, nous annonce-t-il.

En temps normal, il ne se déplace pas jusqu'à Nadiad sans une bonne raison et celle-ci me paraît bien dérisoire.

– Tu vas aller là-bas juste pour écouter un discours ? m'étonné-je tout en rinçant une assiette.

– Oui, répond-il en haussant ses épais sourcils et en joignant les mains.

– Le sarkar britannique semble déterminé, rien ne sortira de cette rencontre, mais j'imagine que tu dois leur apporter ton soutien, analyse Ba.

Elle me prend l'assiette des mains pour l'essuyer.

– Fais attention. Un groupe d'hommes en colère, c'est comme un troupeau de buffles sauvages : un rien peut les rendre agressifs.

– Je ferai attention, répond-il.

Bapuji part pour Nadiad dès le lendemain. Je lis le journal tout en sachant que je n'y trouverai pas d'article sur la rencontre avant un jour ou deux. Et, d'ici là, Bapuji sera de toute façon rentré à la maison.

À son retour, je le trouve changé : il sautille presque et il a une lueur dans le regard que je ne lui connaissais plus. Tandis que nous prenons le thé, il nous fait le récit de la rencontre.

– Les fermiers sont venus de toute la région pour écouter Gandhiji : nous étions des milliers.

– Des milliers ! s'étrangle Ba.

J'essaie de me représenter autant de gens réunis au même endroit.

– Oui, confirme Bapuji en s'éclaircissant la gorge. Pour lutter contre les décisions injustes du sarkar, Gandhiji nous a convaincus que notre seul recours était la *satyagraha*.

– Qu'est-ce que ça veut dire ? demandé-je car c'est la première fois que j'entends ce mot.

– Satya veut dire « vérité » et agraha, « insistance ». Gandhiji pense qu'on peut combattre l'injustice en utilisant la force de la vérité. Il appelle ce mouvement « satyagraha ».

– Mais c'est avec des fusils ou des épées qu'on se bat.

– Gandhiji a fait de la vérité une arme. Le sarkar continue de réclamer des impôts alors que nos récoltes sont perdues. La vérité, c'est que nous ne pouvons pas payer parce que nous n'avons rien gagné. Ce que Gandhiji nous propose, c'est de nous unir contre le sarkar, ce sera la première satyagraha dans la région. Nous sommes plus de mille à avoir promis de ne pas verser une seule roupie aux impôts. Et je vous garantis que je ne paierai rien.

Bapuji, comme d'autres fermiers, semble conquis par l'idée de la satyagraha. Mais les Engrej ne vont-ils pas se fâcher ? Et si c'est le cas, que ferons-nous ? Quand on refuse de lui obéir, le sarkar envoie l'armée, qui n'hésite pas à frapper les opposants et à les jeter en prison. C'est déjà arrivé plusieurs fois et ça peut très bien se reproduire.

– Tu vas désobéir au sarkar ?

Je sens la peur tapie derrière mes mots.

– Ô Rama, lance Kaka en se levant.

– Fais ce que tu crois être juste, ajoute-t-il à l'intention de Bapuji avant de partir dans sa chambre.

Quelques instants plus tard, j'entends le son du tanpura. Avant mon veuvage, il n'en jouait qu'une à deux fois par semaine, et toujours le soir. À présent, c'est tout juste s'il discute avec les hommes qui se réunissent sous notre kesuda : il préfère jouer du tanpura et chanter. Là, on est l'après-midi et ça ne me plaît pas qu'il joue de la musique et qu'il chante des chansons pieuses tout seul dans sa chambre. On dirait qu'il se désintéresse de notre famille. Je me demande si Kaki lui en parlera quand elle s'en rendra compte.

Le soir, les hommes se retrouvent dans la cour et j'essaie de suivre le fil de leur conversation. Ils parlent fort mais d'un ton égal : les mots « satyagraha », « Gandhiji », « Kheda », « sécheresse », « pitié » et « promesse » tourbillonnent dans l'air.

Les après-midi sont chauds et paraissent plus longs et plus calmes que les nuits. J'apprécie le silence pour m'endormir, mais la journée, ça m'est insupportable de le sentir tapi derrière chaque porte. Ba, Bapuji, Kaka et Kaki font de longues siestes, les oiseaux se cachent dans leur nid et les chiens n'aboient pas.

Je m'assois dans un coin de l'entrée en me demandant ce que je vais bien pouvoir faire pendant les onze prochains mois. Parfois, mes doigts cherchent derrière mon oreille à entortiller une mèche de cheveux qui n'existe plus. D'autres fois, j'ouvre le placard en bois et je sors mes ghagri-poulka pour les contempler. Si Ramanlal était en vie, je serais en train de préparer mon anu, sa ba m'aurait acheté un sari chatoyant, j'aurais peut-être aidé sa grand-mère à préparer des pickles. Mais la réalité est tout autre :

je suis chauve, je ne porte que des chidri et je n'ai nulle part où aller. Pour moi, le temps s'effrite lentement comme une bouse de vache sèche.

Je repense à la satyagraha et à la détermination de Bapuji et ça me fait réfléchir. Si Bapuji est pour la vérité et la justice, alors il devrait se rendre compte que ce qui m'arrive est injuste. Pourquoi ne se bat-il pas pour moi ?

Un jour, Saviben, la directrice de mon école, vient à la maison. Cela fait un mois que je ne suis pas allée en classe et que je n'ai pas revu mes camarades : c'est comme si un fantôme me rendait visite. Au début de l'année scolaire, j'avais quatre amies. Parmi elles, deux ont fait leur anu avant *Holi*, la fête du printemps, et quitté Jamlee ; une autre n'était presque jamais là parce que sa mère était tout le temps malade et la dernière, Tara, était aveugle.

Saviben a étudié à l'université et est devenue enseignante. Elle a travaillé dans une école de filles à Nadiad, où elle a réussi à augmenter les effectifs. Cela a fait forte impression sur une inspectrice britannique, qui l'a recommandée pour le poste de directrice à Jamlee. La dame anglaise est venue assister à la prise de fonction de Saviben, et les rues ont été balayées et aspergées d'eau en son honneur.

La première fois que j'ai rencontré Saviben, j'ai été surprise par l'ovale délicat de son visage, sa petite bouche et le fait qu'elle paraissait très jeune. Elle a un nez fin et droit, plutôt long, avec un anneau en or à la narine droite. Son style très moderne fait jaser les femmes, elle laisse pendre son *palav* par-dessus son épaule gauche et il se balance au rythme de ses pas. À Jamlee, on drape son palav sur l'épaule droite, et on le rentre dans son sari.

Aujourd'hui, Saviben est vêtue d'un sari ocre, imprimé de coquillages.

Après avoir exprimé son chagrin quant au malheur qui me frappe, Saviben demande à Ba ce qu'elle compte faire concernant mes études.

– Elle en a encore pour plusieurs mois à rester cloîtrée, lui explique Ba.

– Je comprends, mais je peux venir la faire travailler trois fois par semaine.

– Quel intérêt? demande Ba en soupirant.

– Les temps changent: cela pourra lui être utile d'avoir fait des études.

– Nous ne sommes pas encore morts, réplique Ba d'une voix tranchante.

Je regarde Saviben: si la réponse de Ba l'a offensée, elle n'en montre rien. Au lieu de cela, elle me sourit, laissant apparaître des dents étincelantes et tout aussi parfaites que les grains d'une grenade.

Kaki dose tranquillement son tabac, sans dire un mot, tandis que je tire-bouchonne le bout de mon chidri.

– Je sais bien que Leela n'a pas besoin de gagner sa vie mais ça ne peut pas lui faire de mal de terminer ses études. Et puis, ça l'occupera.

Jusqu'ici, je n'avais jamais beaucoup pensé à mes études. Pourquoi l'aurais-je fait? J'allais bientôt faire mon anu et ensuite je resterais à la maison pour m'occuper de mon mari et de ma famille. Mais maintenant que je suis veuve, cela n'a plus de sens. Si Ba donne raison à Saviben, je devrai continuer d'aller à l'école. Pourtant, ça m'est égal d'être instruite.

J'évite le regard de Saviben et baisse les yeux vers le sol. Elle parle avec douceur et fermeté.

– Comme Leela a suivi tous les cours jusqu'il y a quelques semaines, je l'inscris dans la classe supérieure même si elle ne passe pas les examens de fin d'année. À condition qu'elle reprenne ses études.

– Quand ses douze mois de quarantaine seront terminés, peut-être… soupire Ba.

– Elle va prendre du retard si elle reste à la maison pendant si longtemps.

– C'est très gentil à vous de proposer de venir à la maison, la remercie Kaki tout en me lançant un regard autoritaire. Leela travaillera dur et vous serez fière d'elle.

Saviben jette un œil vers Ba, mais je sais qu'elle ne contredira pas la décision de Kaki, qui est plus âgée. Elle hoche la tête en signe d'approbation.

Étudier ou pas, cela m'est bien égal mais je n'ai plus le choix, on vient de décider à ma place.

HUIT

– Avec Saviben, vous vous installerez ici, me dit Kaki en ouvrant la salle de réception.

– Dans cette pièce ? lui demandé-je avec une pointe de surprise dans la voix.

Elle reste la plupart du temps fermée et on ne l'ouvre que pour les invités importants. Le divan en bois est peint à la main, avec une banquette rembourrée et des coussins moelleux, garnis de coton de *shimla* – un coton plus floconneux qu'un nuage. Le sol est recouvert d'un carrelage lisse et frais contre la peau, comme un lit qui vient d'être fait. Rien à voir avec les pierres irrégulières du chauk ou la terre du couloir. Je ne comprends pas pourquoi Kaki me fait une telle faveur : n'est-ce pas trop pour une veuve ?

– Je veux que tu puisses te concentrer sur tes études. Apprends le plus possible de ton *guru* et n'oublie pas qu'elle mérite le plus grand respect.

– D'accord.

Je ne tiens pas en place : je n'arrête pas de faire des allers-retours, pour apporter mon ardoise et mes livres, une petite carafe d'eau ; j'ajuste les draps sur le divan, j'époussette encore et encore la table... C'est la première fois que quelqu'un me rend visite à moi et à personne d'autre. C'est aussi la première fois qu'on ouvre le salon juste pour mon professeur et moi.

Ba épluche des patates douces dans la cuisine. Je la tire par le bras en lui disant :

– Viens voir où Kaki nous a installées !

En voyant la porte du salon ouverte, Ba interroge Kaki du regard.

– Leela et son professeur ont besoin d'intimité. Il y a trop de passage sur la galerie, lui explique Kaki.

Ba pose sa main sur mon épaule.

– Fais bon usage du temps que tu vas passer avec Saviben, me dit-elle, le regard chargé d'espoir.

– Entendu, Ba.

Tout cela est encore un peu flou pour moi mais que lui répondre d'autre ?

Je m'assois dans le salon et je regarde par la fenêtre en attendant Saviben. L'an dernier, quand elle a pris son poste de directrice, elle était vêtue d'un sari aubergine brodé d'étoiles dorées. Je l'avais surnommé *nishaakash* sari. Je me souviens très bien des quelques paroles qu'elle a prononcées ce jour-là : « Bientôt viendra le jour où hommes et femmes marcheront main dans la main, comme de véritables partenaires. » Puis elle a ajouté, en désignant notre petite assistance : « Et vous êtes celles qui vivront ce jour. »

Je n'ai pas compris ce qu'elle voulait dire par « véritable partenaire », mais quelque chose dans sa voix et dans son regard a fait que ces mots sont restés gravés dans mon esprit.

Quand Saviben traverse la cour, je joins les mains sans réfléchir et prie Ganesh de retirer tout obstacle sur ma route.

Saviben commence par les mathématiques: elle me donne à faire des multiplications et des divisions. Pendant que je calcule, elle écrit dans un cahier des problèmes à résoudre pour la prochaine fois. Au fur et à mesure que mon travail avance, mon excitation du matin disparaît et je me demande s'il ne vaut pas mieux rester assise seule dans un coin plutôt que de se torturer les méninges pour trouver le résultat de 32 456 divisé par 24!

Quand je tends mon ardoise à Saviben pour qu'elle vérifie mes résultats, son palav m'effleure. De l'index, je suis sur le coton argenté le dessin des feuilles vert foncé et des grappes de fruits violets.

Captivée par le tracé du motif, je ne m'interromps que lorsqu'elle retire doucement son sari en disant:

– Leela.

J'ai posé son palav sur mes genoux sans m'en rendre compte.

– Je… je n'ai pas fait exprès…

– Ce n'est pas grave.

Sur les dix problèmes, trois sont faux.

Après le départ de Saviben, Ba et Kaki me demandent comment ça s'est passé.

– Pas bien, je réponds.

J'ai deux jours entiers pour faire mes devoirs, mais je repousse l'échéance jusqu'au dernier moment. Le matin, je fais en vitesse les problèmes de maths et je survole les pages du chapitre d'histoire que Saviben m'a donné à lire. Je termine juste avant qu'elle arrive.

Aujourd'hui, son sari a la teinte rose du crépuscule, de l'ultime tache de couleur diffusée par le soleil couchant. Mon chidri n'en paraît que plus terne, éteint. Pendant qu'elle corrige mes exercices, je garde mes mains à distance.

La moitié de mes exercices sont faux: j'ai tellement honte que je n'ose même pas regarder Saviben quand elle m'explique mes erreurs. J'ai vraiment fait des fautes d'inattention, en écrivant par exemple 4 x 2 = 6!

Elle me pose ensuite des questions sur la leçon d'histoire, auxquelles je suis incapable de répondre: je bafouille, le visage en feu. C'est une chose d'être interrogée en classe et de répondre faux à une question. En classe, cela arrive de répondre faux à une question, mais ce n'est pas pareil de se retrouver seule face à sa directrice et de passer pour une *buddhu*. Je préférerais qu'elle ne soit jamais venue. Je n'ai pas besoin d'étudier tout ça, les maths, l'histoire. À quoi ça pourrait bien me servir dans ma vie de veuve? Et puis, tout à coup, je réalise que, si je ne suis pas attentive, si je n'apprends pas, je n'aurai plus rien à faire.

– Si on faisait de la poésie aujourd'hui? me propose Saviben en ouvrant un livre qu'elle a apporté.

Je lis le poème, mais reste muette quand elle me demande ce que j'en pense.

– N'aie pas peur, dis-moi ce qu'il raconte: il n'y a pas de bonne ou de mauvaise réponse.

Alors je lui dis ce que j'en pense et elle m'écoute sans m'interrompre avant de me faire part de ses propres impressions. Nous lisons encore quelques poèmes et nous en discutons ensemble.

Lire de la poésie, c'est plus facile que de faire des maths. Je trouve ça apaisant par rapport à tous ces chiffres qui tournent et s'embrouillent dans ma tête.

Ensuite, Saviben me demande d'aller chercher le journal. Depuis le séjour de Bapuji à Nadiad, je n'en ai pas ouvert un seul. Je rapporte le journal et le tends à Saviben.

– Non, je veux que ce soit toi qui lises. N'hésite pas à t'arrêter si tu as des questions.

Pourquoi me demande-t-elle ça ? Ce n'est pas un exercice scolaire, nous n'avons jamais fait cela en classe. Mais, par respect pour elle, je me mets à lire les titres de la première page :

– La satyagraha se poursuit dans la région de Kheda. Quatre mille personnes rassemblées à Borsad.

Il y a une photographie de Gandhiji s'adressant à une foule nombreuse, il est vêtu d'un petit bonnet, d'un maillot et d'un dhoti blancs.

Une fois, Kaki m'a montré une photo de Gandhiji qu'elle avait découpée sur la première page du *Mumbai Samachar*. À l'époque, il portait une *angarkha* avec un dhoti, et son turban blanc lui couvrait une partie du front et des sourcils. Il avait une moustache fournie, de grandes oreilles comme Bouddha et les yeux noirs. Si l'on exceptait son regard assuré et profond, il ressemblait à Bapuji ou à n'importe quel autre homme du Gujarat appartenant à notre communauté.

– Pourquoi ne porte-t-il plus son turban et son angarkha ?

– Il préfère s'habiller comme ses concitoyens.

– Mais c'est un avocat : ne devrait-il pas s'habiller plus convenablement ?

– Tu crois vraiment que la façon dont quelqu'un s'habille reflète ce qu'il est ?

Je regarde mon chidri en faisant non de la tête.

– Et puis, Gandhi veut venir en aide aux pauvres ; s'il s'habille comme eux, il gagnera plus facilement leur confiance et leur soutien, poursuit Saviben.

– Bapuji est allé à Nadiad pour écouter Gandhiji et il a adhéré à la satyagraha. Il ne paiera pas ses impôts, même s'il en a les moyens.

– Tu penses qu'il a tort ?

Comment pourrais-je savoir ce qu'il doit faire, du haut de mes treize ans ? C'est à Bapuji et à Kaka de décider.

– Je n'en sais rien.

– Tu n'es pas la seule à ne pas savoir, me dit-elle en posant la main sur mon épaule. Ce n'est pas facile de respecter la satyagraha : cela requiert autodiscipline et unité.

Je repense à la grève de la faim de Gandhiji, en soutien aux ouvriers fileurs. Cela a dû être très dur pour lui d'avoir faim.

– Vous croyez que Bapuji et les autres fermiers devront eux aussi faire une grève de la faim ?

– Je ne crois pas, mais ça ne veut pas dire qu'ils n'auront pas d'autres épreuves à traverser. Ils enfreignent la loi, le sarkar peut saisir leur terre, les chasser de leur maison et les jeter en prison.

– En prison ?

Une vague de panique déferle sur mon cœur. Depuis le retour de Bapuji, je n'y ai plus pensé. Mais maintenant que Saviben en parle, je réalise que le sarkar peut jeter les gens en prison pour asseoir son autorité. Je suis soudain persuadée que le sarkar va faire enfermer Bapuji, que c'est pour bientôt.

– Alors pourquoi Bapuji a-t-il promis de suivre la

satyagraha ? Nous avons de l'argent, il devrait payer ses impôts.

– Et ne pas se soucier des autres ?

Je baisse les yeux sans répondre.

– Et si ta famille était pauvre ? m'interroge-t-elle.

Je garde les yeux rivés au sol.

– Tu sais ce qu'on dit, l'union fait la force. À plusieurs, on est plus fort, si les gens se rassemblent autour d'une même cause, les Britanniques n'auront d'autre choix que de les écouter, ils ne peuvent pas mettre tout le monde en prison.

Je hoche la tête, je comprends ce qu'elle veut dire mais je me fais quand même du souci pour Bapuji.

Pendant la nuit, je ne cesse de tourner et retourner le mot « satyagraha » dans ma tête. L'idée même de vérité suppose la bonté et la pureté et pourtant, j'ai peur de ce qu'elle peut engendrer.

Saviben me demande d'écrire un texte à partir de ce que je lis dans le journal. Il faut aussi que je lise d'autres poèmes et que j'essaie d'en rédiger un.

Le ralliement des fermiers à Gandhiji continue de faire la une des journaux. Gandhiji se rend à Ahmedabad, à Nadiad et même à Bombay pour gagner d'autres personnes à leur cause. Il rencontre le préfet britannique ainsi que des membres de l'administration fiscale d'Ahmedabad pour leur parler de la sécheresse. J'espère que tout cela finira bien, comme le conflit des ouvriers fileurs, mais rien n'est moins sûr. Je ne crois pas que le sarkar cédera.

Je lis le journal avant de rédiger un bref compte rendu que je conclus par cette phrase : « J'espère que les négociations de Gandhiji aboutiront. » Je lis aussi quelques poèmes, mais je me sens incapable d'en écrire un : je ne sais pas quoi dire, ni comment le dire.

Je reçois une lettre de Kanubhai deux semaines après avoir commencé mes cours avec Saviben.

Chère Leela,

J'espère que cette lettre te trouvera en bonne santé. Aimes-tu étudier avec ta directrice ? Est-ce que tu travailles dur ? Apprends-tu beaucoup de choses ? Continue à bien travailler pour pouvoir passer tes examens l'année prochaine.

J'essaierai de revenir à la maison avant la saison des mangues. Ne t'avise pas de manger ma part !

Ton frère

Comment est-il au courant pour Saviben ? Est-ce Bapuji qui lui en a parlé ?

Nous sommes au mois d'avril et il fait une chaleur insupportable. Je me rafraîchis avec un éventail en bambou, j'en donne un à Saviben quand elle arrive. Elle porte un sari jaune comme les yeux d'un chat, bordé d'un imprimé d'orge sauvage. Son palav retombe en cascade par-dessus son épaule gauche jusque sur le divan où nous sommes assises. Le palav ne ressemble pas au reste du sari, il est tissé dans des tons verts qui font penser à l'orée d'une jungle.

Saviben me surprend en train de contempler son sari.

– À quoi penses-tu ? me demande-t-elle.

– À rien. Enfin... C'est que... On jurerait qu'un lion va surgir de votre palav.

– Je n'y avais jamais pensé, s'amuse-t-elle. Mais tu as raison, c'est vrai. Puis elle ajoute en murmurant: Je sais que cela te manque de ne plus porter de couleurs. On n'a qu'à dire que les saris que je porte sont aussi les tiens. Comme ça, tu pourras les toucher autant que tu veux. Dis-moi quelle couleur tu aimerais que je mette la prochaine fois.

– Du vert clair.

Le lundi suivant, Saviben arrive drapée dans un tissu en soie couleur pistache. Ses saris sont devenus prétexte à un jeu routinier: c'est notre petit secret. Parfois, elle étale son palav sur mes genoux, cachant ainsi mon chidri. Pendant cet instant-là au moins, je revêts les tons verts de la mousson ou le violet des fruits du jamboo, et ainsi, c'est comme si je n'étais plus veuve. Je ne dis pas toujours à Saviben quelles couleurs je voudrais qu'elle porte: quelquefois, je préfère avoir la surprise.

Un jour que je suis en train de lire, son palav vert et or sur les genoux, je vois Masi passer la tête dans l'encadrement de la porte, sans y prêter plus d'attention que ça. Le soir, je l'entends discuter avec Ba.

– Si Leela était ma fille, je ne la laisserais pas étudier avec Saviben. C'est une femme moderne aux idées plus tordues qu'une racine de gingembre.

– Que veux-tu dire?

– Tu as vu qu'elle laisse Leela recouvrir son chidri avec son palav? Aujourd'hui, elle l'amadoue avec son sari et demain ce sera avec autre chose. Pourquoi donc agit-elle ainsi? C'est ce que je me demande. Ne devrait-elle pas plutôt se contenter de faire son travail et s'occuper de ses affaires? Tu ne vois donc pas qu'elle a une mauvaise influence sur Leela?

– C'est son professeur.

– Oui et elle devrait lui apprendre à lire et à compter et non pas lui polluer l'esprit avec ses idées et ses réflexions progressistes. Leela est veuve et doit se comporter comme telle. Qui sait si, dans quelque temps, Saviben ne va pas l'inciter à se laisser pousser les cheveux, à jeter son chidri aux orties et même à porter des bracelets ! Si elle veut se prémunir de tentations plus dangereuses, Leela doit apprendre l'autodiscipline.

Le mot autodiscipline me rappelle la conversation que j'ai eue avec Saviben à propos de la satyagraha. J'ai envie de rétorquer à Masi qu'en suivant la satyagraha j'apprendrai sûrement à me contrôler. Mais elle s'enflammerait aussi vite que du bois sec et je m'en abstiens donc. Je sais bien où elle veut en venir : il me faudra beaucoup de volonté pour résister aux hommes et protéger ainsi mon veuvage. Ce n'est pas la première fois qu'elle y fait allusion et je commence à en avoir assez.

Masi attend une réponse, mais Ba reste muette. Avant de partir, elle lance :

– Tout cela ne présage rien de bon.

Le jour de mon anniversaire de mariage, je ne peux m'empêcher de penser à ce que serait ma vie si Ramanlal était encore là. Je porterais de nouveaux habits et les bracelets achetés à la foire ; Ba aurait attaché dans mes cheveux des rubans de soie à pompons et dessiné un rond noir sur ma tempe pour éloigner le mauvais œil. Je sais maintenant que ça ne marche pas, sinon, je ne serais pas veuve.

Pendant toute la journée, je n'arrête pas de penser au jour de mes noces, quand j'avais neuf ans ; à Ramanlal et moi qui avions mangé du kansar sucré, à mon sari qui scintillait, au parfum des fleurs qui m'enivrait.

Le soir, pendant que Ba et Kaki rendent visite à un parent malade, je sors du placard en bois un sari blanc et rouge, tissé main avec des fils de mousseline et de soie et un ourlet cousu d'or. Il est plié en un carré parfait. C'est le sari que portait Ba pour son mariage et que j'ai moi-même porté, il y a quatre ans.

Je déplie d'abord un côté, puis un autre, et encore un autre jusqu'à ce que le long morceau de tissu glisse entre mes doigts et se répande sur le sol, comme l'eau d'un ruisseau. Impossible de résister à ses couleurs festives et à son toucher de pétale : je me débarrasse de mon chidri et j'enroule le sari nuptial aux senteurs de santal autour de ma taille, puis je le plie plusieurs fois avant de le rentrer dans mon jupon et de ramener le reste derrière mon dos et enfin, par-dessus mon épaule pour m'en couvrir la tête.

Je me regarde dans le miroir : cela fait bien longtemps que je ne me suis pas vue porter autre chose que mon chidri couleur de boue, je me sens hypnotisée par ce sari rouge et blanc. Il manque encore quelque chose. J'attrape deux boîtes en argent sur l'étagère, dont l'une contient du khôl, j'y plonge mon doigt et m'en mets sur les yeux. Ma main cherche mes cheveux pour enlever le reste de khôl sur mon doigt, que je finis par essuyer sur un bout du chidri posé par terre.

J'ouvre la seconde boîte, plonge le bout de mon annulaire dans la poudre rouge et en dépose une pointe au milieu de mon front, dessinant un chandlo parfait. Les deux teintes du sari et du chandlo se marient parfaitement. Trop occupée à m'admirer dans le miroir, je n'entends ni le loquet de la porte d'entrée, ni le bruit des pas qui s'approchent.

Soudain, c'est un nouveau Mahabharata qui commence, une longue bataille épique au terme de laquelle les membres d'une même famille deviendront des ennemis.

– Mais qu'est-ce que c'est que ça, Leela ? Tu oublies que ton mari est mort, que tu es une widhwa ? hurle Masi.

Ba et Masi sont sœurs et elles ont la même voix, mais, pour ce qui est du langage, autant comparer une pluie fine à un orage de grêle !

Dans le miroir, je vois Masi qui me fixe, les yeux plissés. Je n'ai pas le temps de me retourner : elle fond sur moi comme un vautour, m'attrape par les épaules, me tire en arrière et me secoue violemment.

– Mais où as-tu la tête ? Tu as le cerveau ramolli ou quoi ? Comment peux-tu te ridiculiser ainsi ?

La boîte tombe par terre. *Thup.*

Je baisse les yeux sur le sol marron à présent tout éclaboussé de rouge.

– Réponds quand je te parle ! Quel genre de diable as-tu dans le sang ?

Masi a raison, je n'ai pas respecté les règles du veuvage. Il n'empêche que sa méchanceté me rend furieuse et je lui réponds en hurlant :

– Je n'ai pas le diable dans le sang !

– Toi... Toi, petite rien du tout, comment oses-tu ? Je suis ta masi. Ne t'avise pas de me répondre comme ça ! Tu as oublié que tu étais une veuve ? Tu m'entends ? une raandi, raand ! Tu vas le payer, je te le garantis.

En entendant le mot «raand», mon courage décuple et je relève la tête pour la dévisager. J'aurais à la rigueur accepté qu'elle m'appelle widhwa mais, en me traitant de raand, elle m'insulte, c'est comme si elle me jetait un seau d'eau sale au visage.

– Ne reste donc pas plantée là comme si tu étais devenue muette ! Qu'est-ce qui a bien pu te passer par la tête ? Tu es en âge de comprendre qu'une veuve doit savoir se tenir si elle ne veut pas ruiner la réputation de sa famille. Sinon, les gens te cracheront au visage, tu seras mise à l'écart et, à cause de toi, notre honneur sera souillé pour toujours, m'avertit-elle tout en étalant mon chandlo avec la paume de sa main.

– Ne me touche pas ! crié-je en repoussant sa main.

Ses paroles me blessent et j'ai le visage rouge de honte. Ce n'est pas parce que je suis veuve qu'elle doit m'insulter comme ça et me donner l'impression de n'être qu'une bonne à rien.

Masi recule lentement, les yeux toujours rivés à moi. Je ne me dérobe pas et lui rends son regard. Tout à coup, elle s'immobilise.

– Si Heeraben, Jivima, ou n'importe quelle autre voisine t'avaient trouvée comme ça, en deux jours, toute la ville aurait été au courant. Tu imagines ce qui serait arrivé à notre nom, à l'honneur de notre famille ?

– Je ne suis pas ta fille. Il s'agit de notre nom, de notre honneur. Laisse-les donc les traîner dans la boue si ça leur chante.

Masi se retourne et sort en martelant le sol de ses pas.

Elle était venue prendre du babeurre, mais elle repart avec son pot vide.

Le soir, Ba décide de cacher les deux boîtes en argent.

– Ce que tu ne vois pas ne te tente pas. J'ai pris le sari nuptial et ton ghagri-poulka et je les ai rangés dans la malle sous mon lit, m'annonce-t-elle.

Cette malle en bois est trop lourde pour que je puisse la déplacer toute seule : les tentations qu'elle renferme sont désormais hors de portée.

Je détourne les yeux.

NEUF

Saviben me propose un nouvel exercice : je dois consigner par écrit ce qui se passe en son absence.

– Mais je ne sors jamais, c'est dehors, dans la rue, à l'école, au temple qu'il se passe des choses. Qu'est-ce que je vais bien pouvoir raconter ?

– Si tu observes attentivement, tu verras qu'il se passe beaucoup de choses dans ta propre maison ou dans la cour.

Comment lui expliquer que le quotidien ici se résume au silence et au chagrin ? Nous ne chantons plus, Bapuji n'ouvre quasiment plus la bouche, même pas pour me gronder, Ba passe son temps à regarder par la fenêtre et à pleurer, Kaki ne me demande même plus ce que j'ai envie de manger. Pour elle, faire la cuisine est devenu une corvée. Kaka ne joue plus que des mélodies mélancoliques, Lakha est occupé avec les animaux et ne se montre que rarement. À force, mon cœur s'est vidé de toute émotion, comme un récipient troué.

– Non, pas ici, je lui réponds.

– Tu te souviens de Tara, qui est aveugle, elle a appris à voir avec ses oreilles, avec son nez, avec ses mains. Toi, tu as un avantage sur elle.

Je revois son visage en forme de figue, et ses yeux blancs.

– Non, c'est faux. Elle, elle est libre de voir… Je veux dire, elle ne peut pas voir, mais on ne l'oblige pas à rester cloîtrée, elle n'est pas veuve et ne le sera jamais.

– Je ne suis pas certaine de te suivre, remarque Saviben en fronçant les sourcils.

Tara restera aveugle toute sa vie, tout comme je resterai veuve. La différence, c'est qu'on ne lui a pas volé ses yeux, et si un médecin pouvait lui rendre la vue, il le ferait. Moi, on m'a pris ma joie de vivre et personne ne pourra jamais me la rendre. Dans un sens, elle a plus de chance que moi.

– Tara est aveugle, elle ne trouvera personne pour l'épouser et n'aura pas à subir un mariage arrangé. Elle n'a donc aucune chance de devenir veuve un jour, contrainte de vivre comme une recluse.

Saviben acquiesce.

– Ba compare ces douze mois de deuil à une gorgée de *kadu*. « Il faut la boire, tu n'as pas le choix. Alors soit tu te gargarises avec son goût amer, soit tu l'avales d'un trait et tu passes à autre chose. » Sauf que, si je bois du kadu, c'est pour mon bien, Kaki dit que ça m'aide à rester en bonne santé. Je ne vois pas ce que ça peut m'apporter de rester cloîtrée pendant une année entière.

– Et que répond ta mère à ça ?

– « Le kadu t'évite de tomber malade, tout comme ces douze mois de deuil te mettent à l'abri des regards inquisiteurs et des moqueries des enfants. Dans un an, ton veuvage ne sera plus qu'un vieux souvenir, qui n'intéressera plus personne, tu pourras alors affronter plus facilement le regard des autres. » Je ne suis pas d'accord avec elle. Avant, je passais mon temps dehors, et si je pouvais, je sortirais d'ici dans la seconde.

– Leela, c'est vrai que les gens se comporteront différemment avec toi maintenant que tu es veuve et ça risque d'être difficile à vivre.

Ba a peut-être raison, les gens sont parfois méchants, il n'y a qu'à voir comment Masi se comporte avec moi. Ce sera sans doute difficile de les affronter.

– Qu'est-ce que je suis censée faire ?

– En observant ce qui se passe autour de toi, tu aiguiseras tes sens. Ce petit espace va te donner l'occasion d'explorer à fond ce qui t'entoure, m'explique-t-elle avant de sortir de son sac un cahier qu'elle me tend.

– Ouvre bien tes oreilles et note tous les bruits que tu entends. Tu verras, cela va rendre cette année plus supportable.

– C'est un long fleuve, elle n'en finira jamais.

– Tout fleuve prend fin à un moment, me dit-elle en posant sa main sur mon épaule.

Je ne vois pas du tout en quoi le fait de consigner par écrit toutes sortes de bruits sans importance pourrait m'aider. Mais Kaki m'a demandé de faire preuve de respect.

– Dans ce cahier ? demandé-je.

– Oui, et essaie aussi d'identifier sa source, son pourquoi et son comment.

Je feuillette les pages du cahier : pas un mot d'écrit. Je me demande ce que je vais bien pouvoir marquer dedans. Je le range dans l'encastrement de la fenêtre ronde, sur la galerie.

Le lendemain, alors que je me lave les dents, j'entends un bruissement dans les buissons. Mais j'ai beau regarder attentivement dans cette direction, je ne vois rien. Quelques instants après, une femelle paon apparaît, suivie par un mâle. Ils se poursuivent un moment en sautillant avant de s'envoler en criant très fort lii on lii on.

Je rentre en courant noter cela dans mon cahier, mais je ne sais pas quoi dire. N'est-ce pas un peu idiot de décrire le bruit que fait un couple de paons? Tout le monde a déjà entendu leur cri strident, il n'y a rien là d'exceptionnel. Je referme le cahier.

Je me lave, je prends mon petit déjeuner puis je termine mes exercices de maths et ma lecture. Après mes nombreuses erreurs du début, je commence à m'améliorer en calcul, la semaine dernière, je n'ai fait qu'une seule erreur, sur un problème. Je me relis attentivement pour vérifier que tout est juste. Saviben m'a laissé une carte de l'Inde pour mes devoirs de géographie: je dois apprendre les fleuves et les montagnes. Je montre à Ba là où le Gange prend sa source, dans l'Himalaya, là où il rejoint le Yamuna, près d'Allahabad, et enfin, là où il se jette dans l'océan, dans le golfe du Bengale.

– Quand tu auras terminé tes leçons, Leela, tu m'aideras à battre le lait? me demande Ba.

Je plie la carte et je la range. Debout l'une en face de l'autre, Ba et moi tirons ensemble la corde enroulée autour du manche de la baratte. Le va-et-vient de l'axe en bois dans le récipient en laiton produit une sorte de refrain: ram, ram. Les bracelets en or de Ba s'agitent à chacun de ses gestes, martelant leur propre rythme: padadam poum, padadam poum.

J'ai beau essayer de penser à autre chose, rien à faire, des bruits surgissent de partout. Dans la cuisine, on pétrit, on hache, on frotte, on sert, faisant naître autant de sons différents. Après le déjeuner, Bapuji s'endort et se met à ronfler. Les vêtements qui sèchent sur le fil claquent dans le vent tout l'après-midi. Les cloches du temple se mettent toutes à sonner en même temps, avant que retentissent la musique et les chants. Enfin, je me laisse bercer par le murmure du vent dans les feuilles et je m'endors profondément.

Le lendemain matin, je m'empresse de noter tous ces bruits pour m'en débarrasser. Je m'installe en tailleur dans mon coin, sur mon petit tapis, et je commence à écrire.

Je note d'abord: «Le paon est un bel oiseau, mais il n'a pas la voix de son physique.» En évoquant les bracelets de Ba, je regarde mes bras, qui, je le sais, ne produiront jamais plus ces sons joyeux en barattant le beurre. Alors j'ajoute: «Les bras d'une veuve sont à jamais silencieux.» Le temps que Saviben arrive, j'ai rempli une pleine page de tout ce que j'ai entendu. Je rajoute une dernière phrase: « Mon crayon fait scratch scratch sur le papier. »

– L'année scolaire est terminée et je pars passer les vacances à Ahmedabad, m'annonce Saviben, une fois la leçon finie.

Quand j'allais encore à l'école et que le vent chaud et sec, le *loo*, commençait à souffler, je savais que les vacances d'été approchaient. Cette année, comme je suis restée enfermée à la maison, je n'y ai pas fait attention, les vacances ont approché à pas de loup. Il faut dire que le loo est beaucoup plus supportable ici que dehors. Cela fait plusieurs semaines que Saviben vient et je me suis habituée à elle. Je vais me sentir seule, assise dans cette maison toute la journée pendant six semaines.

– Qu'est-ce que je vais faire sans vous?

Elle me tend la main.

– Observer et écrire tant que tu peux.

– Je suis obligée ?

Je n'ai pas envie de m'embêter à tenir un journal intime, les mêmes sons vont se répéter tous les jours, non ? Quel est l'intérêt d'écrire chaque fois la même chose ?

– Écris une phrase ou deux par jour. Tu verras, tu seras surprise par tout ce qui se passe autour de toi et que tu ne remarques pas.

Puis elle me demande si j'ai déjà écrit quelque chose.

Je récupère mon cahier dans le renfoncement de la fenêtre et le lui tends. Elle lit en suivant les lignes du doigt, comme si elle ne voulait pas en perdre une miette.

Elle s'arrête sur une phrase : « Les bras d'une veuve sont à jamais silencieux », et me serre dans ses bras.

– Je suis ravie que tu y aies mis autant d'émotion, cela va t'aider à prendre conscience de qui tu es. À force d'écrire et d'exprimer ce que tu penses, tu verras s'ouvrir un nouveau monde en toi. Ton moi intérieur est comme un oignon, composé de plusieurs couches.

Cette comparaison me paraît un peu étrange, et je n'arrive pas à imaginer pouvoir voyager, même intérieurement, sans quitter mon coin.

DIX

Saviben est partie à Ahmedabad et je ne sais pas ce que je vais pouvoir raconter dans mon cahier pendant son absence. Après tout, le cri du paon ou le bruit du barattage ne sont pas près de changer… Je préférerais que ce soit elle qui me raconte son séjour. Dans une grande ville comme Ahmedabad, il y a des tas de choses à voir, à toucher, à sentir, des centaines de bruits différents, des nouveaux plats à goûter. Mais je ferai ce qu'elle m'a demandé.

J'ai essayé, à un moment, d'ignorer les bruits qui m'entourent, sans y parvenir. Et voilà qu'il m'arrive la même chose avec les odeurs. Je me suis mise à tout renifler, tout en continuant à être attentive aux sons. C'est un peu comme si mon nez et mes oreilles étaient en compétition. Les matins d'été ont une odeur lourde, indolente, très différente de celle, piquante et fraîche, de l'hiver ou de celle, moite, de la mousson. Je passe mon temps à traquer les odeurs : celles du bois et de la boue séchée qui brûlent dans le grand *chula*, celle de la paille où sont conservées les mangues, celle de l'encens au bois de santal, celle des turbans pleins de sueur de Kaka et Bapuji quand ils rentrent des champs, celle du tabac de Kaki quand elle le met dans sa bouche. Je consigne tout, les odeurs, les sons, ce que je vois, les conversations des uns et des autres, dans mon cahier, qui se remplit petit à petit.

Le parfum des mangues domine tous les autres. Elles sont rangées dans une panière, intercalées entre des couches de paille. Au début, je les tournais tous les deux jours pour qu'elles mûrissent partout uniformément, mais désormais je dois le faire quotidiennement. On mange celles qui sont à point, on met les plus vertes au fond et les autres sur le dessus, et, surtout, on jette celles qui sont pourries avant qu'elles abîment le reste. C'est toute une technique ! C'est sans doute pour cela qu'on dit que les bonnes mangues se méritent.

Je mets de côté celles qui sont prêtes à être mangées et je replace les autres dans le panier, quand deux mains surgissent devant mes yeux.

– C'est pour moi, tout ça ?

On dirait la voix de Bapuji ou celle de Kaka, sauf que ce petit jeu ne leur ressemble pas.

– Kanubhai ?

Il baisse ses mains et s'assoit à côté de moi.

– Gagné ! Si seulement tu avais d'autres frères, j'aurais peut-être une chance que tu ne me démasques pas aussi vite !

Kanubhai est ici ! C'est une telle surprise que je ne peux m'empêcher de lui demander :

– Pourquoi tu ne m'as pas écrit pour m'annoncer ta visite ?

– J'aurais dû ? Je peux quand même revenir chez moi quand bon me semble.

– Si tu m'avais prévenue, j'aurais pu compter les jours avant ton arrivée. Il y a une certaine joie dans l'attente.

– Et la joie de la surprise ? Et la petite dispute que nous sommes en train d'avoir ? Tout cela n'est-il pas plaisant ?

Il a raison : c'est un moment à part.

Il prend une mangue.

– Succulente !

– Ce sont les premières de la saison, je lui fais remarquer.

– À partir de maintenant, chaque jour sera une fête.

Ce mot de fête résonne étrangement à mes oreilles. Depuis que je suis veuve, je n'ai assisté à aucun repas de mariage ou de janoi au dharmashala. Je tente en vain d'imaginer la fraîcheur de la cardamome sur ma langue, le goût piquant du gingembre et de la cannelle et la douceur parfumée du safran. À la maison, la nourriture est simple : Kaki ne pimente les légumes et le *dal* qu'avec du sel et du curcuma.

Ba sort de la cuisine, Kanubhai la salue et elle pose la main sur sa tête.

– Il était temps que tu rentres prendre des nouvelles de ta sœur, dit-elle d'une voix qui se brise.

Le sourire de Kanubhai et l'éclat taquin de ses yeux s'évanouissent aussitôt.

– En effet, Ba. Mais je suis aussi ici pour l'aider.

– Espérons que tu y arriveras, dit Kaki en arrivant

Ces quelques mots qu'ils échangent suffisent à me mettre mal à l'aise. Je me souviens comme Kanubhai est parti précipitamment la dernière fois, après s'être disputé avec Bapuji. Depuis, il n'est pas revenu. Je n'ai pas envie qu'ils se battent et je voudrais que Kanubhai reste : c'est la plus grande aide qu'il puisse m'apporter.

Bapuji et Kaka ne rentrent pas déjeuner, à cause de la chaleur. Les tranches de mangues, orange et succulentes, donnent une note festive à ce repas très ordinaire.

– Leela, goûtes-en une et dis-nous si elles sont aussi bonnes qu'elles en ont l'air, me demande Kanubhai.

Je ferme les yeux, prends un morceau et le savoure avec bonheur.

– Elles sont encore plus sucrées qu'elles en ont l'air.

Après le repas, nous allons tous nous reposer, mais je n'arrive pas à me détendre. Kanubhai me suit dans la cuisine, où je prépare du thé. Il fixe le mur tandis que je verse l'eau dans la théière.

– À quoi tu penses ?

Kanubhai appuie sa paume sur une des casseroles posées sur l'étagère du haut.

– Ça fait longtemps que celle-ci n'a pas servi ! constate-t-il en me montrant sa main.

À l'endroit où il l'a touchée, il y a maintenant la marque très nette de sa main. Je lui tends une serviette pour qu'il s'essuie.

– C'est sûr.

– Et si on faisait le ménage en attendant que l'eau bouille ? me propose-t-il.

– Saru.

Il descend une première casserole de l'étagère que je dois attraper à deux mains tellement elle est lourde. Dedans, on peut faire cuire le dal pour au moins soixante-dix personnes, et dire que nous ne sommes même pas sept dans la famille. Je l'essuie avec un torchon tout en me demandant si nous l'utiliserons de nouveau un jour.

– Saviben dit que tu progresses chaque jour.

Je ne savais pas qu'il connaissait Saviben et je suis d'autant plus surprise qu'il me parle d'elle.

– Quand lui as-tu parlé ?

Pendant un instant, il a l'air embarrassé.

– C'est Kaki qui me l'a dit.

– Elle me fait travailler dur, beaucoup plus qu'en classe.

– Mais c'est bien, non?

Il me tend une poêle en laiton dont j'essuie les bords avant de lui répondre:

– Elle m'a demandé de consigner par écrit tout ce qui se passe ici et d'exprimer ce que je ressens.

– Et tu le fais?

– À quoi bon?

– C'est ton guru: tu dois la respecter et lui faire confiance.

Comme les gens avec Gandhiji?

Exactement.

Je m'affaire en silence pendant un moment, réfléchissant à ce qu'il vient de dire.

– Les gens pensent-ils différemment à Ahmedabad?

Il pousse un soupir avant de répondre:

– J'ai assisté à un discours de Gandhiji où il affirmait l'égalité entre les hommes et les femmes. Tout le monde écoutait poliment, en hochant la tête, mais je me demande bien combien y croyaient vraiment.

– Et Gandhiji, comment sais-tu qu'il est sincère?

– Un jour, à l'ashram, je l'ai trouvé en train de faire de la pâte, après, il a balayé le sol de la cuisine.

Bapuji et Kaka ne font jamais à manger, pas plus qu'ils ne balaient le sol ou ne vont chercher l'eau au puits. Je ne vois pas pourquoi un homme réputé comme Gandhiji ferait le travail des femmes, à moins de croire profondément à l'égalité. Je me demande si, parmi les hommes qui ont écouté le discours de Gandhiji, il y en a qui nettoient le sol de la cuisine.

À leur retour, Bapuji et Kaka sont surpris de trouver Kanubhai à la maison. Bapuji le salue poliment, bien qu'un peu sèchement. Quelque chose cloche. Kaka ne parle jamais beaucoup, son silence n'a donc rien d'étonnant, cela m'inquiète plus de la part de Bapuji. Peu après, Bapuji, Kaka et Kanubhai s'enferment dans le salon de réception ; pas question d'aller les espionner comme je l'aurais fait avant.

J'avais l'espoir que leur discussion les dériderait, mais leurs visages sont encore plus lugubres que tout à l'heure. Kaka part se coucher sans manger, prétextant qu'il n'a pas faim.

Pour le dîner, Ba prépare du *fajeto*. Elle a gardé les noyaux de mangue du petit déjeuner et les fait bouillir dans de l'eau, elle ajoute ensuite un peu de farine de pois chiches pour épaissir et parfume le tout avec du sel, du gingembre et du cumin revenus dans du ghee. Elle remplit nos bols pendant que Kaki nous sert du riz et des haricots mungo, cuits avec des pommes de terre et des oignons. On n'entend que le cling-clang des cuillers.

Avant, les visites de Kanubhai nous remplissaient de bonheur, nous l'écoutions attentivement nous raconter ce qui se passait à Ahmedabad. Je me souviens même que Bapuji avait suggéré à Kanubhai d'aller rendre visite à Gandhiji, quand il a ouvert son ashram.

Au petit déjeuner, Kaki nous servait du lait bouilli avec des *charolis* croquantes et Ba faisait frire des bananes plantain pour le goûter, des plats normalement réservés aux jours de fête. Après dîner, nous nous installions dans la cour et nous parlions, riions et chantions. Tout cela n'existe plus à cause de moi. Il n'y a plus que ce silence que je déteste.

Je goûte la soupe, mais elle a du mal à passer et je dois me forcer à avaler, je ne vais pas pouvoir tout manger. Il fait chaud dans la cuisine, et ce n'est pas qu'une question de température. J'observe autour de moi l'air renfrogné de Bapuji, les mines sévères de Ba et de Kaki, les mâchoires serrées de Kanubhai. Comment peuvent-ils laisser leurs sentiments bouillonner au fond de leur cœur au lieu de parler de ce qui ne va pas ?

Ba m'encourage à manger mon plat.

– Leela, dépêche-toi de finir, sinon, c'est Kanubhai qui héritera de ta part de mangues demain.

Je ne lui réponds pas, je ne la regarde même pas.

– Leela ? interroge Kanubhai, qui s'est arrêté de manger et m'observe.

Je me retrouve debout sans même m'en rendre compte.

– Je ne peux pas manger alors que vous semblez tous tracassés. J'aimerais pouvoir… pouvoir… Pourquoi ?

J'ai plein d'autres choses à dire, mais mes mots s'embrouillent.

– Arrêtons ces bêtises : ça va finir par la rendre malade, dit Kaki tandis que je sors en courant de la cuisine.

Lakha a déjà fait mon lit et je m'assois sur mon khatli. Kanubhai entre quelques minutes après.

– Ce n'est pas ta faute, m'assure-t-il.

– Alors pourquoi Bapuji et Kaka sont-ils fâchés avec toi ?

– Parce que nous ne sommes pas d'accord.

– À propos de quoi ? De moi ?

Il s'assoit à côté de moi.

– Oui. Comme je ne peux pas rester longtemps, je voulais que tu viennes passer quelques jours avec moi à Ahmedabad. Mais Bapuji et Kaka s'y opposent.

– Je dois rester assise dans mon coin à pleurer mon époux.

Il détourne les yeux.

Je voudrais qu'il reste à Jamlee avec moi, puisque je ne peux pas le suivre à Ahmedabad. Je sais qu'il le ferait si c'était possible, et sans que j'aie besoin de le lui demander.

– Je ne suis même pas capable de prendre soin de ma petite sœur, se lamente-t-il en secouant la tête. Je ne sers à rien.

Des larmes coulent de ses yeux.

Mon frère a essayé de m'aider, il s'est disputé avec Bapuji et Kaka pour moi, et à présent il doit supporter leur silence et leur désapprobation. À moi d'être forte.

– Ne t'inquiète pas pour moi, je le rassure. Saviben reviendra bientôt et ses leçons occuperont tout mon temps.

- Tu en es sûre ?

Je fais oui de la tête.

Il se tait pendant quelques minutes, puis prend une grande inspiration.

– Leela, tu ne peux pas vivre comme ça le reste de ta vie et rien ne t'y oblige. Réfléchis à ce que tu as envie de faire. À Ahmedabad, il y a des pensionnats : tu pourras continuer tes études là-bas.

Je suis tellement obsédée par cette réclusion qu'on m'impose que je n'ai jamais pris le temps de réfléchir à mon avenir. Si je reste à Jamlee, ma vie risque de ne pas beaucoup changer, quand je pourrai enfin sortir, je serai toujours une veuve, rien de plus. Kanubhai, lui, s'inquiète de ce que je vais faire de ma vie. Je ne sais pas quoi lui répondre. Il met sa main sous mon menton pour que je relève la tête. Mes lèvres tremblent et j'arrive tout juste à articuler :

– Pour l'instant, je suis contente que tu sois là.

Il essuie mes larmes du revers de la main.

– J'aimerais te montrer quelque chose, dis-je à Kanubhai un matin, après avoir bu le thé.

– Où m'emmènes-tu ?

Je le tire par la main.

– Viens avec moi !

Il me suit dans l'arrière-cour jusqu'à l'étable où se trouve notre bufflonne, Dahi.

– Maintenant je comprends pourquoi tu m'as amené jusqu'ici.

Il tapote Dahi et lui susurre :

– On dirait que tu ne vas pas tarder à être mère.

Dahi répond par un petit bruit et fait tournoyer sa queue. Lakha prend particulièrement soin de Dahi : non seulement il la nourrit avant les autres, mais il la lave et la frictionne tous les jours jusqu'à ce que sa peau noire brille.

Kanubhai attrape une poignée de paille et la donne à Dahi. Elle l'avale d'un coup après l'avoir mâchée bruyamment.

Lakha entre dans l'étable.

– J'ai reconnu vos voix.

Il discute avec Kanubhai de l'achat de nouvelles roues pour la charrette pendant que je nourris et caresse Dahi. Le soleil se couche derrière l'étable et les odeurs se réveillent. Kanubhai et Lakha sont encore en train de parler quand je retourne dans la maison.

Depuis la galerie, j'entends Kaki qui dit :

– Nous ne pouvons rien faire contre le malheur qui touche Leela, mais ça ne signifie pas que la famille doive éclater comme du verre brisé. Restons à la maison aujourd'hui, histoire de former à nouveau une famille.

– Tu as raison, lui répond Kaka.

– Nous resterons à la maison, ajoute Bapuji.

Je fais semblant de n'avoir rien entendu.

Au déjeuner, nous mangeons des pommes de terre cuisinées avec de la pulpe de tamarin, une salade de mangues râpées avec du gros sel et du poivre, du riz, des haricots mungo cuits dans du petit-lait et un bol de mangues tranchées.

Tout cela a la saveur et le parfum d'autrefois, avant que je devienne veuve.

Je voudrais tant que ma famille redevienne ce qu'elle était avant. Mais comment faire ? Je ne vois qu'une chose qui puisse réconcilier Bapuji et Kanubhai. J'ai hâte d'en parler à mon frère. Après le repas, alors que nous sommes assis tous les deux seuls dans le salon de réception, je lui demande :

– Tu adhères au principe de la satyagraha ?

– Bien sûr. Pourquoi cette question ? réplique-t-il en attrapant le journal sur la table pour nous éventer.

– Bapuji a rejoint la satyagraha de Kheda et dit qu'il ne paiera pas les impôts.

– Je le sais.

– Je me disais que Bapuji ne serait plus fâché avec toi si vous parliez ensemble de la satyagraha…

Il arrête aussitôt de nous éventer.

– Qu'est-ce que ça changerait? Leela, discuter de la satyagraha, ça va bien quand on est tous assis sous le kesuda. Mon désaccord avec Bapuji porte sur toi. Je me fiche qu'il reste fâché avec moi pendant le reste de ma vie : il a tort, conclut-il en flanquant le journal sur la table.

Je regrette d'avoir provoqué cette conversation : Kanubhai a l'air tellement en colère.

– Tu habites dans une grande ville, et peut-être que c'est plus facile pour toi de défendre des idées neuves. À Jamlee, c'est différent.

– Peut-être bien qu'ici les gens ne sont pas prêts, mais je ne comprends pas pourquoi Bapuji ne l'est pas. Ne voit-il pas que ces idées nouvelles pourraient t'aider? Il me regarde avant d'ajouter : Je ferai en sorte de nous débarrasser de toute cette tristesse.

La coutume veut qu'un frère prenne soin de sa sœur en lui offrant des cadeaux, et s'en occupe si elle est dans le besoin. J'ai de quoi manger, m'habiller et un endroit où vivre : Kanubhai n'a donc aucune obligation envers moi. En veillant, depuis que je suis veuve, à ce que je ne sois pas malheureuse, il va plus loin que ne l'exige la tradition.

Le lendemain, Kanubhai repart à Ahmedabad en me laissant quelque chose d'important.

De l'espoir.

Après son départ, les jours chauds s'enchaînent au rythme nonchalant d'une bufflonne enceinte. Je lis tous les jours le journal à Kaka: la guerre occupe toujours la première page. Bien que les combats n'aient pas lieu sur notre territoire, nous en ressentons de plus en plus les effets. Les prix du blé, de l'orge, du carburant et du sucre ont grimpé et continuent de grimper. Bapuji évoque la participation de Gandhiji à une conférence sur la guerre où il a soutenu une résolution sur le recrutement. Je lui demande ce que cela veut dire et il m'explique que Gandhiji veut que nous, les Indiens, nous aidions les Engrej à faire la guerre. D'autres responsables politiques, comme Tilak, y sont opposés.

J'écris à Jaya une longue lettre pour lui raconter la visite de Kanubhai et lui rapporter ce qu'il a dit sur le fait de finir mes études. À la fin, j'ajoute:

Je suis régulièrement les informations, mais l'obstination de Gandhiji à vouloir nous enrôler dans l'armée britannique me laisse perplexe. Je suis d'accord avec Tilak : les Engrej nous administrent et nous devons leur obéir mais, puisqu'ils ne nous obligent pas à faire la guerre, pourquoi nous porter volontaires ? Pourquoi vouloir tuer des gens qui ne nous attaquent pas ? Pourquoi Gandhiji nous demande-t-il de prendre les armes ? A-t-il changé d'avis sur la non-violence ?

ONZE

À cause de la sécheresse, il y a plus de tempêtes que d'habitude. Le soir, le vent souffle souvent en rafales et une poussière granuleuse se met à tournoyer comme une toupie géante. Vivement la mousson, que la terre se calme un peu.

Dahi est sur le point de mettre bas et, une nuit, je suis réveillée en sursaut par des cris que je prends pour ceux d'une femme. Je distingue les silhouettes de Ba et de Kaki filant à toute allure vers l'arrière-cour, armées de lanternes. Je rejette mes couvertures et je me lève pour les rejoindre.

Lakha est assis à côté de Dahi mais, quand Kaki ou Ba s'approchent, elle se met à lancer des ruades tout en essayant de se lever. Nous nous installons donc toutes les trois à l'écart. Kaki commence à prier doucement et nous l'accompagnons: cela semble apaiser Dahi. Le temps qu'elle mette bas, il fait presque jour, Ba me demande si j'ai envie de me recoucher.

– Non, je veux rester m'occuper du veau.

– Surtout pas! Dahi t'enverrait mordre la poussière d'un bon coup de sabot, me répond Ba.

– Laisse donc sa mère l'allaiter pendant que je la nourris. Tu feras sa connaissance quand elles seront toutes les deux un peu plus détendues, m'explique Lakha. En attendant, essaie de lui trouver un nom.

Dans le bain, un nom m'est venu à l'esprit et, quand Lakha me laisse enfin caresser la petite génisse, je lui murmure à l'oreille :

– Que penses-tu de Mani ?

Ça a l'air de lui plaire. Elle est si douce et si tranquille : difficile d'imaginer qu'elle va grandir et devenir comme sa mère.

Toute la journée, les voisins défilent pour voir Mani, Jivima, Masi, mais aussi Heeraben et Pushpa, la femme de Gros Soma. Je me suis habituée aux regards de tous ces gens, mais, pour Pushpa, c'est différent. J'ai envie de me cacher quand elle entre, elle a mon âge et je ne veux pas qu'elle me voie dans mon chidri. Comme Pushpa était belle le jour où on l'a croisée à la foire, à présent, elle a le visage pâle, les traits tirés : on jurerait qu'elle est malade ou qu'elle se tue à la tâche.

Ba propose aux invités du *buri*, qu'elle a préparé avec le lait de la première traite, juste après la naissance. C'est un lait qui se gélifie une fois bouilli. Elle le découpe et m'en tend un morceau, spongieux et élastique, que je refuse.

Mani grandit si vite que, deux semaines plus tard, j'ai déjà oublié à quoi elle ressemblait à sa naissance. Je parle d'elle dans mon journal intime afin de pouvoir partager ce que je ressens avec Saviben et Kanubhai. Lakha est très occupé mais heureux, il parle toujours autant à Dahi, mais désormais il chante aussi pour Mani.

Chaque fois que je la regarde, je ne peux m'empêcher de penser à ce que j'ai lu dans le journal : le sarkar a confisqué les terres de certains fermiers, ainsi que leur bétail, pace qu'ils n'avaient pas payé leurs impôts. Tout comme nous. Je n'ai pas envie que le sarkar vienne nous prendre Dahi, qu'on la sépare de Mani. Et puis, si Bapuji refuse de coopérer, on le jettera en prison.

La mousson arrive enfin et la pluie soulage la terre, sans que ce soit suffisant, nous le savons, pour imbiber complètement le sol. Il n'y a rien d'autre à faire qu'attendre. Un jour, peu de temps après le lever du soleil, deux hommes en uniforme se présentent chez nous.

– Donne-leur ce qu'ils sont venus chercher, qu'ils nous laissent tranquilles, dit Kaka à Bapuji en les voyant arriver.

Un tremblement parcourt tout mon corps, je devine qu'ils travaillent pour le sarkar et qu'ils sont venus prendre nos bêtes, parce qu'ils ont un bâton en bois comme celui de Lakha. Je les observe de loin. Ils parlent quelques minutes avec Bapuji puis se dirigent vers l'arrière de la maison et ordonnent à Lakha de préparer la charrette.

Il se tourne vers Bapuji, qui hoche la tête.

Bapuji se tient debout à côté de l'étable, les bras croisés, tandis que Ba, Kaki et moi restons près du portail. Mon cœur bat la chamade et je me cramponne à la main de Ba.

Le visage de Lakha brille dans la lumière matinale, mais, dans ses yeux, on lit sa tristesse à l'idée de perdre ses meilleurs amis. Il les attelle en silence à la charrette.

Sans nos bêtes, nous ne pourrons plus labourer nos champs ni aller vendre nos céréales au marché, le sarkar nous prend ce dont nous avons le plus besoin. Si, cette année, nous ne pouvons plus cultiver ni vendre nos récoltes, alors nous ne pourrons pas payer nos impôts l'an prochain. Tout cela semble tellement injuste.

L'homme au bâton est jeune, mais des rides profondes lui barrent le front. Il désigne du doigt Dahi et Mani puis il essaie de les faire avancer, mais elles se contentent de tourner la tête vers Lakha. L'homme donne un petit coup de bâton dans le flanc de Dahi, qui refuse toujours de bouger, alors il la frappe et elle se met à pousser des petits cris pitoyables. Lakha se précipite pour s'interposer.

– Il faudra me frapper d'abord.

– Ôte-toi de mon chemin, lance l'homme en le poussant sur le côté.

Lakha perd l'équilibre, titube mais ne tombe pas. L'homme frappe une nouvelle fois Dahi, qui relève la tête, les naseaux dilatés, et se met à le fixer du regard : j'ai peur qu'elle ne le charge mais Lakha pose sa main sur son dos et elle baisse la tête.

Du revers de la main, l'homme essuie la sueur sur son front.

– Elle a intérêt à me suivre, sinon je vais continuer à la frapper.

Le visage de Lakha devient aussi rouge que le soleil levant, d'une main, il attrape l'homme par la manche et, de l'autre, il s'empare de son bâton.

– Si tu t'avises de la toucher ne serait-ce qu'encore une fois, je hurle jusqu'à ameuter tout le village ! gronde-t-il.

L'homme recule d'un pas et martèle :

– Ce n'est pas ça qui va nous arrêter : nous sommes là pour exécuter les ordres du sarkar.

– Vous savez que les gens n'hésiteront pas à employer la force si vous vous en prenez aux animaux, les menace Lakha, les yeux brillants de colère.

Le second homme se tourne vers Bapuji :

– Dites à votre domestique de ne pas se mêler de vos affaires.

– Il prend soin de mes bêtes, mais ça ne veut pas dire que j'ai tout pouvoir sur lui et il a tout à fait le droit de s'élever contre la cruauté et l'injustice.

– Dans ce cas, je vais devoir déposer une plainte contre vous, car, en définitive, c'est vous qui avez enfreint la loi, réplique-t-il.

– Faites donc.

– Nous vous jetterons en prison.

– Bien sûr.

Lakha flatte le dos des bufflonnes et leur demande de le suivre en murmurant :

– *Khamma mari beti, chalo.*

Dahi et Mani s'exécutent, comme si elles comprenaient chacun de ses mots, et il les conduit dehors. En revenant, il essuie ses larmes.

Ce jour-là, nous accomplissons nos tâches sans échanger le moindre mot, dans un silence suffocant de tristesse.

Le soir, lorsque nous nous retrouvons dans le chauk, je demande à Bapuji :

– Ces hommes, ils travaillent pour le sarkar ?

– Oui.

– Ils n'avaient pas le droit de nous prendre nos bêtes.

– Si, ils n'ont fait que leur travail.

– Mais ce sont des monstres : ils n'ont aucune pitié.

– Obéir aux ordres, c'est faire ce qu'on nous demande, même quand on estime que ce n'est pas bien.

– Où les ont-ils emmenées ? Et s'ils ne nourrissent pas Dahi correctement ? Et s'ils la séparent de Mani ?

Bapuji blêmit.

– Arrête avec tes questions. Tout ira bien, me répond-il.

Mais sa voix tremble, comme s'il ne croyait pas lui-même à ses paroles.

J'aimerais que quelqu'un lui demande pourquoi il ne paie pas l'impôt, tout simplement, pour qu'on récupère nos bêtes. Ba n'osera jamais lui faire la moindre remarque, mais Kaki peut-être. Je jette un regard vers elle, mais elle se contente de secouer légèrement la tête, elle sait que Bapuji ne reviendra jamais sur sa décision. Kaka est la seule autre personne à pouvoir lui parler, mais il semble avoir renoncé à tout.

Kaka sort son tanpura et propose à Lakha de venir chanter, il préfère rester dans sa cabane. C'est la première fois qu'il refuse l'invitation de Kaka, il n'y aura pas de musique ce soir.

Je n'arrive pas à m'endormir, je repense à la succession des événements, à ce qui fait qu'on en est arrivé là. Tout a commencé avec le voyage de Bapuji à Nadiad, où il a pris devant Gandhiji un engagement qu'il n'a pas l'intention de trahir. Gandhiji se rend-il compte à quel point la force de la vérité peut faire mal ? Ce n'est pas évident de s'armer d'amour quand, en face, il n'y a aucune compassion. Et nous avons regardé ces hommes emporter nos bœufs, Dahi et Mani, sans pouvoir rien faire. Au matin, j'ai les yeux rouges et bouffis.

Lakha semble perdu sans ses amis. Je le surprends souvent assis devant sa cabane en train de contempler l'horizon. Il ne chante plus et, quand Ba ou Kaki lui proposent à manger, il secoue la tête en disant :

– La faim m'a abandonné.

Kaki lui a suggéré de retourner chez lui quelques jours pour voir sa famille et, un matin, il s'en va en annonçant qu'il reviendra dans un mois.

La troisième semaine de juin, les mêmes hommes qui nous les avaient pris nous ramènent Dahi et la charrette. Mais pas Mani.

– Le sarkar a confisqué tellement de bêtes que nous n'avons pas pu nous en occuper correctement : nous sommes désolés, mais votre veau est mort, nous informe simplement un des deux hommes.

Et comme si ça ne suffisait pas, Bapuji a lui aussi une nouvelle à nous communiquer.

– Le percepteur a promis qu'il suspendrait les impôts pour les fermiers pauvres, si ceux qui en ont les moyens paient les leurs.

– Cela veut dire que nous allons payer, je dis en lui tendant une tasse de thé.

– C'est déjà fait.

Je suis tellement déçue et frustrée que je préfère m'en aller.

Bapuji retourne à Nadiad pour mettre fin à la satyagraha de Kheda, en présence de Gandhiji et d'autres fermiers. Le journal en parle comme d'une réussite.

Je ne sais pas quoi penser. Nous avons perdu Mani à cause de la satyagraha de Kheda, Lakha a été humilié et, au bout du compte, nous avons quand même payé nos impôts. Notre tentative de peser sur le sarkar nous aura coûté cher. Si nous avions respecté la loi dès le départ, tout aurait été plus facile. C'est peut-être pour cela que les gens préfèrent continuer d'agir comme ils l'ont toujours fait : c'est plus simple de suivre les vieilles habitudes que d'essayer d'en changer.

En même temps, Gandhiji a permis aux fermiers de Kheda de s'unir, les journaux ont parlé de la sécheresse et tout le pays sait maintenant que nos récoltes sont perdues. Et puis, auparavant, les gens n'avaient jamais osé défier le sarkar. Alors peut-être bien que, dans cette défaite, il y a malgré tout une victoire.

DOUZE

Comme Lakha ne sait ni lire ni écrire, il a chargé quelqu'un de rédiger une lettre où il nous annonce son mariage avec une certaine Shani.

– Je ne savais pas que Lakha était fiancé, dis-je à Ba, qui épluche les pommes de terre, assise sur le sol de la cuisine.

– Cela fait longtemps que Lakha veut épouser Shani, il a dû finir par la convaincre, réplique-t-elle en désignant un pied de fenugrec.

Je m'assois à l'entrée de la cuisine, où il y a un peu d'air.

– Comment le sais-tu ? lui demandé-je en cueillant quelques feuilles de fenugrec.

– Je le sais, c'est tout.

– Et pourquoi ne m'en as-tu pas parlé ?

– Ce sont ses affaires et il ne voulait pas que tout le monde soit au courant, me répond Ba tout en coupant les pommes de terre en rondelles.

– Mais je ne suis pas tout le monde.

– Bien sûr que non, mais il y a des choses que tu es trop jeune pour comprendre.

À certains moments, on me traite comme une enfant tandis qu'à d'autres, on me demande de me comporter en adulte. Il faudrait savoir, soit je suis trop jeune pour qu'on me raconte tout, et, dans ce cas, je suis aussi trop jeune pour être veuve ; soit je suis une grande personne.

Inutile d'en parler à Ba, ça ne fera que la rendre triste.

Le ciel s'est chargé de nuages, et la nuit, le tonnerre gronde, les éclairs dansent dans le ciel et il pleut pendant des heures. Nous l'avons souhaitée, attendue, cette pluie, et nous la savourons enfin. La sécheresse est bel et bien terminée. Dès le lendemain, la terre revit, et le vent exhale ses parfums. Comme j'aimerais aller à la ferme, me salir les pieds dans la boue ! Je prends mon cahier dans le renfoncement de la fenêtre : « Je me demande si les grenouilles ne tombent pas du ciel : la nuit dernière, j'ai entendu leurs coassements, croa, croa. »

Quelques jours plus tard, Ba rend visite à Masi pendant que j'aide Kaki à préparer le dîner. Nous écossons les haricots quand nous entendons des voix dans l'arrière-cour.

– Leela, va voir qui c'est, me demande Kaki.

De la galerie, je vois arriver Lakha, accompagné d'une jeune femme.

Je retourne en courant vers Kaki.

– Viens vite, Lakha est revenu !

Le temps qu'elle sorte de la maison, Lakha et sa femme ont déjà franchi le portail. La fille porte un ghagri-poulka noir brodé de couleurs vives et constellé de miroirs ronds, triangulaires et carrés. Elle porte sur la tête un odhani en coton noir, dont la pointe se balance dans son dos.

Elle a le visage rond et le menton pointu et elle se tient aussi droite qu'un bambou. De l'épaule au poignet, ses bras sont couverts de bracelets en ivoire, de différentes tailles. Elle en porte d'autres à la cheville, en argent massif, qui doivent peser plus lourd que des cruches pleines d'eau.

Un *hasadi* repose sur sa clavicule, assorti à ses boucles d'oreilles rondes. Lakha la présente à Kaki comme étant sa femme, Shani, et tous deux se baissent pour lui toucher les pieds :

– Tous mes vœux de bonheur, leur dit Kaki.

Puis elle me regarde avant de murmurer quelque chose à Shani. Je n'entends pas mais je devine ce qu'elle doit lui dire : « *Akhand Saubhagyavati.* Que ta bonne étoile te préserve du veuvage. »

C'est le vœu que toutes les femmes mariées s'attendent à recevoir de leurs aînées.

– Voici Leelaben, annonce Lakha à Shani.

Un grand sourire illumine son visage, elle joint les mains pour me saluer et je lui rends son salut.

– Dahi, Mani et les autres buffles, ils nous les ont rendus ? demande Lakha.

– Les buffles, Dahi, oui…

Ses yeux s'éclairent. Il ne me laisse pas le temps de finir ma phrase.

– Et Mani ? Elle a beaucoup grandi ?

– Mani n'est pas revenue, répliqué-je en détournant les yeux.

Il comprend tout de suite.

– C'est bien ce que je craignais, marmonne-t-il.

Lakha passe le reste de la soirée à s'occuper des bêtes. J'entends Dahi meugler de bonheur et les cloches tinter au cou des buffles. Quant à Shani, elle reste dans leur cabane.

Assise dans mon coin, je repense à sa parure d'ivoire et d'argent. Elle n'a pas les moyens de s'offrir autre chose, alors que moi j'avais des bijoux en or.

De mes doigts nus, j'effleure mes bras, mes chevilles et mes lobes d'oreilles, tous également nus. Une boule se forme dans ma gorge, je n'arrive pas à retenir mes larmes.

Le lendemain matin, je me lave les dents dans la cour quand Shani apparaît sur le seuil de sa cabane.

– *Leelabon, havare vela udho sho* ?

Qu'est-ce qu'elle dit ? Lakha et Shani appartiennent à la communauté des *Rabari*, traditionnellement nomades, ils se déplacent d'un lieu à un autre avec leurs bêtes et leurs tentes. Peu d'entre eux se fixent à un endroit, comme Lakha, et ils parlent gujarati avec un accent. Lakha l'a perdu depuis le temps qu'il vit avec nous, mais Shani, pas encore. Je répète ses paroles dans ma tête « *Leelaben, savare vehla utho cho* ? Leela, ma sœur, tu te lèves tous les matins aussi tôt ? » Je mets un peu de temps à lui répondre.

– Ah, oui.

Si je dois faire cela chaque fois, nous allons avoir du mal à communiquer. Elle prononce H à la place de S mais, bizarrement, CH au lieu de TCH, et, dans certains mots, elle avale même complètement le H.

Elle m'apporte un bol de lait. Depuis qu'elle est là, elle a pris le relais de Lakha et c'est elle qui trait Dahi.

– C'est aujourd'hui qu'il faut battre le beurre ? demande-t-elle à Ba.

– Non, demain.

– Y a-t-il autre chose que je puisse faire pour vous ?

– Non, pas pour le moment.

– Appelez-moi si vous avez besoin de moi, dit-elle.

Je lui jette un coup d'œil, quand elle passe devant moi : elle porte toujours les mêmes bijoux. Dans la lumière éclatante du matin, j'aperçois un cercle noir tatoué sur son menton, que je n'avais pas remarqué hier soir. La jalousie m'étreint le cœur, comme une fumée étouffante, et je peux à peine respirer. Je voudrais tellement qu'elle s'en aille, mais c'est la femme de Lakha et, que ça me plaise ou non, elle va rester ici.

– Je vais prendre mon bain, annoncé-je en rentrant dans la maison.

– Je vous remplis un seau d'eau chaude, propose Shani, qui m'a suivie.

Je la croise tous les matins quand je vais me brosser les dents dans la cour. Elle s'affaire devant la cabane ou à l'intérieur, elle emballe le déjeuner de Lakha dans une boîte en laiton, l'attache avec un morceau de tissu. Parfois, elle lui chuchote quelque chose à l'oreille. Ses bracelets de cheville scintillent dans la lumière du soleil, les anneaux tintent sur ses bras et sa longue natte se balance dans son dos.

Son sourire se reflète sur le visage de Lakha.

Quand il rentre le soir, j'entends des rires et des bruits joyeux s'échapper de leur cabane. Un soir, juchée sur le lit pour nettoyer les toiles d'araignée, je les aperçois par la fenêtre. Cerné par la nuit, éclairé par une lanterne, le visage de Shani brille comme du cuivre poli au tamarin et ses yeux étincellent comme de la braise. Lakha et Shani sont en train de dîner.

Quand Lakha essaie de lui donner la becquée, Shani se dérobe en se couvrant le visage. Il l'attrape par la taille et l'attire contre lui, elle se retrouve presque sur ses genoux, et il en profite pour remplir sa bouche de nourriture. Cela me rappelle Ramanlal avec le pooranpoli.

S'il était encore en vie, j'aurais accompagné Ba à la foire de la mousson et à bien d'autres réjouissances, elle m'aurait mis des rubans dans les cheveux. Je caresse mon collier en perles de tulsi en repensant aux bijoux que Kaki a enveloppés dans son mouchoir.

Absorbée dans mes pensées, je n'entends pas Ba qui m'appelle pour le dîner. Sa voix surgit brusquement derrière moi.

– Leela, Leela, où te caches-tu ?

Je saute au bas du lit, juste quand elle entre, une lanterne à la main.

– Qu'est-ce que tu fais dans le noir ?

– Je… je… Rien du tout.

Elle lève la lanterne vers mon visage.

– Tu es toute rouge, qu'est-ce que tu as ?

– Je… je ne veux plus être veuve, lâché-je en me couvrant le visage.

Elle me tend la main pour m'aider à me lever.

– Notre avenir ne nous appartient pas.

Elle jette un œil par la fenêtre avant de m'entraîner hors de la chambre.

– Leela, dit-elle en se mordant la lèvre, il n'y a rien de pire que d'être une jeune veuve, mais c'est une condition que tu dois apprendre à supporter : c'est ton kismet. Tu dois rester à l'abri des tentations de la jeunesse.

Son regard me révèle toute la douleur qu'elle ressent.

Je ne veux pas la rendre plus malheureuse qu'elle n'est déjà.

Je mange mon repas en silence.

Cette nuit-là, dans les étoiles et sur la lune, dans l'ombre du jamboo, je vois partout se refléter les visages de Shani et Lakha, pressés l'un contre l'autre, et je crois entendre leurs rires dans les murmures du vent.

En allant me coucher, je croise Shani, elle demande à Ba s'il reste du travail à faire. Je m'imagine la dépouillant sauvagement de ses bracelets, lui arrachant son anneau et son collier, effaçant son sourire.

Mes propres pensées me terrifient et je ferme les yeux.

TREIZE

Grâce à la mousson, les terres sont à nouveau cultivables, c'est le moment de labourer et de planter. Bapuji et Kaka travaillent aux champs toute la journée. Ils rentrent couverts de boue, affamés et épuisés, se lavent, mangent et vont vite se coucher. Les autres fermiers ont aussi beaucoup de travail, ils ne viennent plus discuter et se détendre sous notre kesuda, le soir. Bapuji compte sur une récolte d'arachide exceptionnelle. D'après lui, ce cadeau du ciel pourrait même effacer la sécheresse de l'an dernier.

Le parfum de la mousson, le ploc, ploc de la pluie qui ruisselle sur le toit et la danse des paons font resurgir de nombreux souvenirs. Quand j'étais petite, Kanubhai m'emmenait à la ferme dès que les premières pluies avaient rafraîchi le sol. Sur le chemin, je caressais les feuilles des kothimdas, qui semblaient être apparues comme par magie, les vrilles des lianes enlaçant les troncs et les branches des grands arbres.

Kanubhai m'attrapait sous les bras, me soulevait et me faisait tournoyer. Le vert des plantes, le jaune des fleurs de moutarde et le bleu de l'horizon défilaient devant mes yeux comme à travers un kaléidoscope. Sur le chemin du retour, il me prenait dans ses bras, me hissait sur ses épaules et me portait ainsi jusqu'à la maison.

Heureusement pour moi, je n'ai pas le temps de laisser mon esprit vagabonder : c'est la rentrée scolaire et Saviben est de retour.

– Vous m'avez manqué, lui avoué-je dès qu'elle franchit le seuil de la maison.

– Toi aussi, me répond-elle en m'enlaçant avant de se diriger vers le salon de réception.

Nous nous asseyons côte à côte sur le divan.

– Comment s'est passé votre séjour ?

– C'était trop court et il y avait tant de choses à faire. J'aurais pu rester des mois.

– Vous aviez pris un autre travail ? lui demandé-je, perplexe.

– Non, j'étais bénévole à l'ashram de Gandhiji.

Elle prend ma main dans la sienne.

– J'ai souvent pensé à toi, surtout quand j'étais à l'ashram. Si tu vas un jour à Ahmedabad, il faut absolument que tu le visites.

Je hoche la tête.

– Je suis contente que vous soyez rentrée.

Saviben ne vient plus qu'une fois par semaine, mais elle me laisse assez de devoirs pour tenir jusqu'à notre prochaine leçon. J'aimerais qu'elle puisse venir plus souvent, mais elle enseigne désormais à des adultes et cela l'occupe beaucoup.

C'est la pleine mousson, j'écoute souvent le bruit de la pluie qui tombe sur le toit et dans le chauk et se mêle aux cris des paons appelant les femelles. Quand le tonnerre gronde, on a parfois l'impression qu'un troupeau de buffles piétine le ciel. Le matin, Ba met beaucoup de temps à allumer le feu, elle se démène avec les rondelles de bouses de vache séchées qui se sont ramollies à cause de l'humidité. Je partage mes impressions avec Saviben mais, au bout d'un mois, je tourne en rond.

D'après Bapuji, le niveau du Taransi est très haut et les lianes kothimda poussent comme les champignons. La cour est inondée, je ne peux plus m'y laver les dents. Cela m'évite de croiser Shani et d'avoir à lui parler. Une fois débarrassée de mes devoirs, je passe quatre ou cinq jours à bayer aux corneilles et mes pensées me ramènent alors inévitablement vers elle. Je l'imagine en train de chanter tandis qu'elle cuisine, de discuter à voix basse avec Lakha pendant qu'il pleut à verse dehors, de broder une fois ses corvées terminées…

Il m'arrive de griffonner une fille sur mon ardoise, elle a les cheveux longs et se tient debout sous un kesuda florissant. Je rajoute des fleurs tout autour d'elle et, en dessous, j'écris mon nom. Une autre fois, je dessine le fleuve Taransi, le temple de Shiva, des gens qui dégustent des jalebis sucrés dans une foire. Ou alors je gribouille une fille chauve, qui n'a pas de nom. Peu importe ce que je dessine, je l'efface toujours avant que quiconque puisse le voir.

Je reçois un petit mot de Jaya dont j'apprécie particulièrement un passage : « J'espère que tu as réfléchi à ce que tu veux faire comme études. Je souhaite de tout cœur que tu puisses aller à Ahmedabad l'année prochaine, qu'un nouveau monde s'offre à toi, un monde où tu seras Leela et personne d'autre. »

Jaya a mis le doigt sur une question importante, celle de mes études. Je pourrais suivre l'exemple de Saviben et ainsi aider d'autres jeunes filles. Je troquerais alors mon statut de veuve contre celui d'enseignante. Qu'est-ce que je pourrais faire d'autre ? Je vais y réfléchir.

Je glisse le mot de Jaya dans la poche de mon poulka et le message qu'il contient dans mon cœur.

– Alors, qu'as-tu écrit récemment ? me demande un jour Saviben.

J'ouvre mon cahier et lis à voix haute :

– « Au début de la mousson, il se passait plein de choses, mais maintenant je ne sais plus quoi écrire. Nous sommes obligés d'étendre le linge à l'intérieur et il met deux jours à sécher ; la cour pue la bouse croupie et je me sens aussi paresseuse et lourde que l'air qui m'entoure. »

Elle tique sur le mot « paresseuse ».

– J'aime ta façon d'exprimer ce que tu ressens. Je crois qu'il est temps pour toi d'écrire un poème.

Je ne sais pas par où commencer, ni quoi dire, ni même comment le dire. Je fais tous mes autres devoirs, laissant de côté la poésie.

Le soir, alors que plus un seul rayon de soleil n'éclaire le ciel, je vais me chercher un verre d'eau. La voûte céleste paraît comme arrondie par la pleine lune, dont la lumière argentée enveloppe le chauk. La cruche en terre rouge est posée dans un angle, sur le rebord d'une pierre, une louche en laiton est suspendue juste à côté. Je tends la main pour l'attraper. Mon geste est arrêté par un léger sifflement.

Je tends l'oreille.

J'entends de nouveau un long sifflement. J'examine la louche, sur le dessus, quelque chose brille dans le clair de lune.

Un kalotar!

Un serpent de la même espèce que celui qui a tué Ramanlal est enroulé autour de la louche. Je reste paralysée. « Courage ! » me dis-je en reculant doucement, les yeux fixés sur le reptile. Puis je me précipite vers la galerie.

– Qu'est-ce qui t'arrive ? me demande Bapuji. Tu trembles comme si tu venais de voir un kalotar.

– Ou… oui. Il est… il est… La louche… En ce moment, sur la louche.

Bapuji fume en compagnie de trois autres hommes. Ils se lèvent tous d'un bond, lâchent leurs bidis et les écrasent sous leurs pieds nus avant de se précipiter vers le chauk. Je ne les suis pas. Ils réussissent, je ne sais comment, à enfermer le serpent dans un sac de jute et l'emportent dans la jungle, loin de la ville, des exploitations et des pâturages, où ils le libèrent. Nous ne tuons jamais aucun animal, les serpents pas plus que les autres.

La peur se propage de mon ventre à mes mains quand j'essaie d'écrire ce qui s'est passé. Mes doigts tremblent tellement que mes lettres ressemblent à de minuscules serpents.

Des jours après avoir vu le kalotar, je sursaute encore rien qu'en entendant un battement d'ailes ou le faible souffle du vent. Tous les bruits m'effraient, si insignifiants soient-ils.

La peur a raison de mon envie d'écrire.

Heeraben nous rend visite quelques jours plus tard. L'atmosphère est humide, mais il ne pleut pas, et nous nous installons dans le chauk pour manger les jamboo que Lakha a cueillis. On ne trouve ce fruit sucré et juteux, violet et brillant, que pendant la mousson.

Heeraben a déjà avalé une demi-douzaine de jamboo quand elle ouvre la bouche pour parler. Elle a la langue toute mauve et je dois me retenir pour ne pas rire.

– Ce kalotar que Leela a vu, toute la ville soutient que c'est le même qui a mordu Ramanlal. On dit qu'il est en colère et qu'il est revenu pour la tuer.

Elle m'a coupé l'envie de rire.

– Nous prierons Rama pour qu'il protège Leela, répond Kaki.

– Ça ne suffira pas à l'apaiser. Il y a un nid de serpents près du temple de Shiva : vous devriez y déposer un peu de lait.

– Les singes l'auront bu avant même que les serpents le voient, réplique Kaki.

– Alors il faut offrir un petit serpent en or au prêtre.

Kaki sort lentement sa boîte à tabac et en propose à Heeraben. Je vois bien qu'elle s'efforce de contenir sa colère.

– Et pourquoi ferions-nous cela ? demande-t-elle en refermant la boîte.

– Il priera pour le salut de Leela.

– Je suis d'accord avec toi, prier est la seule chose à faire et nous nous en chargerons nous-mêmes.

Heeraben se lève.

– J'ai accompli mon devoir de voisine. Ce devrait être à la mère seule de décider comment protéger son enfant, martèle-t-elle en jetant à Ba un regard appuyé.

Après le départ d'Heeraben, plus personne ne touche le moindre jamboo.

Le soir même, aussitôt Kaki partie, Masi se précipite chez nous. Il y a beaucoup de vent et ses cheveux sont tout crêpelés, on dirait qu'une tempête de poussière s'est abattue sur sa tête. Elle saisit Ba par le bras et l'entraîne dans le salon de réception. Je me plante derrière la porte.

– La rumeur dit que le kalotar est revenu pour tuer Leela. Qu'as-tu l'intention de faire ?

– Allumer une lampe à huile et prier.

– Ça, c'est ce que sa Kaki ferait. Je te rappelle que Leela est la chair de ta chair, tu es sa mère et tu ne peux pas te contenter d'invoquer Dieu. La rumeur va enfler si tu ne fais rien.

Puis elle baisse la voix et j'entends juste « le sari de mariage ».

– Laisse-les parler : je ne me soucie pas plus des gens que d'un serpent, réplique Ba, la voix tremblante.

Heeraben n'a pas réussi à la déstabiliser, mais je crains que Masi ne soit plus persuasive.

– Alors qu'à treize ou quatorze ans la plupart des garçons sont déjà mariés, ton fils unique est encore célibataire. Et pourquoi ? Parce que vous voulez faire de lui un *pundit* ! Vous n'avez jamais prêté attention aux médisances, mais vous ne pouvez pas ignorer le sifflement d'un kalotar. Il faut que vous fassiez quelque chose pour le calmer, et vite, avant qu'il ne soit trop tard. Tu vois ce que je veux dire ?

Les paroles de Masi me font trembler, je me demande si je n'ai pas fait quelque chose de mal. Je n'aurais pas dû prendre le sari nuptial ni envisager de partir étudier à Ahmedabad. J'ai envie de laisser repousser mes cheveux, de me débarrasser de mon chidri : le serpent est venu me punir d'avoir de tels désirs, inadmissibles pour une veuve. Tout cela n'est sans doute que de la superstition, mais j'ai quand même peur. Les piques de mes voisines sont plus dévastatrices que le sifflement du kalotar.

Depuis le départ de Masi, Ba ne me quitte pas des yeux. Elle a le regard maussade sous ses sourcils tendus, à quoi pense-t-elle ?

Elle tente de convaincre Bapuji d'accomplir un acte rituel qui apaisera le serpent.

– Je ne suis pas superstitieux et je ne veux pas me laisser entraîner sur cette pente, dit-il en secouant la tête.

– Tout le monde raconte que le serpent reviendra si nous ne le faisons pas.

– Tu crois qu'il a notre adresse et une carte ?

Ba pousse un profond soupir.

– Il a tué Ramanlal et maintenant il est revenu pour Leela, ça ne te suffit pas ?

– Comment pouvons-nous – comment quiconque peut savoir que c'est bien le même serpent qui a tué Ramanlal et qui est venu dans notre maison ? Quand il est énervé, un serpent mord : c'est sa nature. La nôtre, c'est de réfléchir et de ne pas se laisser influencer par des superstitions. Si tu veux que je t'accompagne au temple pour allumer une lampe et remercier Rama d'avoir épargné la vie de Leela, je le ferai. Mais c'est le seul pas que je consens à faire, je n'en ferai pas un de plus.

Cette nuit-là, les paroles d'Heeraben reviennent me hanter. Je me dis que Bapuji a raison, qu'il ne faut pas être superstitieux, et en même temps, je ne peux pas m'empêcher de penser qu'il y a peut-être quelque chose de vrai dans toutes ces croyances. Cette histoire n'est qu'une coïncidence, je le sais bien, mais ma peur l'emporte sur ma raison, m'empêchant de trouver le sommeil.

Shani étend la lessive quand Nathu arrive pour me raser. Pourvu qu'elle parte, je n'ai pas envie qu'elle ait pitié de moi. Je suis soulagée quand elle suspend un sari, formant un rideau entre nous.

On m'a déjà rasé la tête à trois reprises et je me rappelle comme elle m'a paru légère la première fois. J'y suis habituée à présent, d'autant qu'on ne laisse jamais mes cheveux repousser plus d'un centimètre. En à peine quelques mois, j'ai même complètement oublié la sensation de ma longue et épaisse chevelure. En examinant mes poignets, nus depuis que Jivima a cassé mes lakkh, je réalise à quel point la caresse du verre frais sur ma peau me manque.

Shani vient nettoyer le sol, j'évite son regard en me plongeant dans mes livres. Je ne supporte pas sa présence, c'est comme si je regardais quelqu'un boire alors que j'ai soif.

Je sors mon cahier et j'écris. Les larmes roulent sur mes joues.

La mort m'ensevelit, tout s'assombrit
Je suis prise au piège.
Je voudrais être libre de courir,
comme le veau qui vient de naître,
dans une prairie verdoyante.
Attachée,

Je suis attachée par mon chidri au clou du veuvage.
Ce clou enfoncé
dans le sol de ma vie.

Je me sens mieux. Je ne me relis pas, je ne montrerai à personne ce que je viens d'écrire. Pas même à Saviben.

J'espérais qu'elle aurait oublié cette histoire de poésie, mais non.

– Il y a une chose que tu ne m'as pas montrée, me dit-elle après avoir vérifié le reste de mes devoirs.

– Je sais, marmonné-je.

Elle me lance un regard appuyé, je détourne rapidement la tête, faisant glisser mon chidri. Elle m'aide à le remettre et nos yeux se croisent : beaucoup de choses passent dans cet échange silencieux.

– Si tu n'as pas envie d'écrire de poème, tu n'es pas obligée. Je comprends.

Je cours chercher mon cahier sur la galerie. En un rien de temps, je l'ouvre à la page où j'ai écrit mes strophes et le lui tends.

Après l'avoir lu, elle pose ses mains sur les miennes.

– Je vais devoir vivre ainsi pour toujours ? murmuré-je.

Je voudrais lui parler de mon envie d'aller à Ahmedabad, le souvenir du kalotar m'en empêche.

– Je ne veux pas de cette vie.

– Tu n'es pas obligée de l'accepter.

Je rejette au loin l'image du kalotar.

– Je voudrais faire des études pour devenir enseignante.

Un large sourire éclaire son visage.

– Je crois qu'il est temps pour toi de lire les écrits de Narmad.

Narmad est un poète et un essayiste célèbre, mort il y a cinquante ans. Je ne vois pas en quoi ses écrits pourraient changer ma vie.

QUATORZE

Saviben m'a apporté un livre et la revue *Dandiyo*.

– Voici deux textes écrits par Narmad, j'aimerais que tu les lises et que tu y réfléchisses.

– Je ne pense pas que je pourrai tout lire d'ici la semaine prochaine, constaté-je après avoir feuilleté les pages du livre.

– Il n'y a pas d'urgence.

Après son départ, je commence à lire *Dandiyo*. L'exemplaire date du 1er septembre 1864 et consacre huit pages aux réflexions de Narmad sur la société de l'époque. Page six, il écrit ceci, à propos des femmes : « Il suffit qu'un homme soit sage pour qu'on considère que sa femme l'est aussi ; on l'estime parfaite si elle arrive à faire un enfant, et, si elle sait déchiffrer les lettres de l'alphabet, alors on la dit cultivée. » Et il poursuit en critiquant et en se moquant de la façon dont la société voit la femme. Une fois ma lecture terminée, je me mets à réfléchir.

Je relis le texte.

Saviben m'a confié que son père ne voulait pas qu'elle aille à l'université, pour lui c'était un monde d'hommes et la place des femmes était à la maison. Il a menacé de la renier et l'a prévenue qu'il ne lui adresserait plus jamais la parole. Elle a malgré tout poursuivi ses études.

Kanubhai avait un jour évoqué l'enseigne de la première femme médecin qu'il avait vue dans le quartier Girgam de Bombay. « Docteur Kashibai Navrange » y était inscrit en grosses lettres.

Ce nouveau dispensaire a représenté une grande innovation. De nombreuses personnes se rendaient à Girgam simplement pour lire l'enseigne du Dr Navrange. Certains étaient fiers que la première femme médecin ait ouvert son cabinet à Bombay, mais d'autres pestaient contre les temps qui changent, quelques-uns étaient même choqués que les temps aient pu changer à ce point. Il y en avait aussi que cela laissait indifférents, persuadés qu'ils étaient que rien ne changerait jamais. Comment des femmes comme Saviben et Kashibai Navrange ont-elles pu ouvrir la voie ?

Je me dis qu'un jour je serai comme elles. Je suis veuve et je ne peux pas envisager de me remarier, mais je peux continuer mes études à Ahmedabad et devenir professeur ou médecin. Reste à convaincre mes aînés de me laisser partir.

Assise sur la galerie, absorbée dans ma lecture du journal, je ne remarque pas l'arrivée de Masi.

– Dis-moi un peu ce que tu lis de si passionnant, me lance-t-elle d'un ton moqueur en se plantant devant moi.

– Les fermiers de Kheda ont commencé à semer.

– Quoi de plus normal après les pluies que nous avons eues, ce journaliste ne nous apprend rien. Et à part ça ?

– La guerre continue et…

– La guerre, réplique Masi en balayant l'air de sa main, est très loin d'ici et je ne veux pas en entendre parler.

Je tourne les pages.

– Là, il y a un article à propos de Gandhiji.

Elle croise les bras et me lance un regard glacial.

Je repose le journal.

– Tu n'as pas envie d'entendre parler de lui non plus ?

– Cet homme demande à notre peuple de s'engager dans l'armée britannique. Il a tenu des discours à Ahmedabad, mais aussi à Nadiad, à Karmsad, à Surat. Tu crois vraiment que les habitants du Gujarat vont prendre les armes, sans parler de s'en servir ? Comment des gens qui mangent du dal et du riz, parce qu'ils sont contre le massacre des animaux, pourraient-ils tuer des êtres humains ? Leurs parents ne les laisseront jamais partir au combat. C'est une mauvaise idée et, si tu veux mon avis, Gandhiji perd son temps.

La réponse de Masi me stupéfie. Elle est la dernière personne que j'aurais imaginée se tenir au courant de l'actualité et son analyse de la situation me surprend. Je suis tout à fait d'accord avec elle, c'est un sentiment étrange.

– Tu as raison, réussis-je à articuler.

– Bien sûr que j'ai raison. Ces hommes aux idées radicales pensent qu'ils peuvent changer le monde d'un seul coup. Comme Gandhiji et comme Narmad avant lui.

Est-ce une simple coïncidence qu'elle évoque Narmad alors que je suis en train de le lire ?

– J'espère juste que ton frère ne va pas décider de s'enrôler.

Mon cœur fait un bond.

– Kanubhai ?

– Il vit à Ahmedabad et est beaucoup plus influencé par Gandhiji que nous. Et puis, il a une volonté de fer, qu'il tient de la famille de ton père. Je ne serais pas surprise qu'il arrive un jour revêtu de l'uniforme de l'armée pour demander l'autorisation d'aller se battre.

« Arrête ! » l'imploré-je dans ma tête avant de lui dire :

– Tu penses qu'il demandera la permission avant de s'enrôler ?

– Je crois, oui, me répond-elle en ramenant une mèche de cheveu derrière son oreille.

Notre conversation s'arrête là. Elle s'attarde encore un moment, mais, comme je reprends mon journal, elle finit par se diriger vers la cuisine, à la recherche de Ba.

Les pluies ont diminué, l'aube se pare de tons rose doré et le crépuscule de violet argenté. Même les après-midi sont devenus agréables avec cette brise qui fait se balancer les milliers de feuilles du jamboo et du kesuda. Shani décore la façade en torchis de sa cabane, elle peint des fleurs de kesuda et de moutarde, des plumes de paon et des motifs de liane kothimda. Chaque jour, de nouvelles formes apparaissent.

Un après-midi, je la regarde peindre pendant que tout le monde fait la sieste. Elle se tourne vers moi, faisant ondoyer ses bras couverts d'ivoire.

– Leelabon, pourquoi m'observes-tu de si loin ? Viens, rapproche-toi donc.

– Je vois très bien d'ici, lui répliqué-je.

En même temps, je suis intriguée par ses dessins. Comment s'y prend-elle pour mélanger les couleurs ? Qui lui a appris à peindre ainsi ? Comment choisit-elle ses motifs ?

Elle s'approche de moi.

– C'est vrai qu'une montagne est plus belle vue de loin.

Elle me tire par la main, cette main aussi nue qu'une branche à l'automne.

– D'ici, tu ne peux pas voir tous les perroquets et les moineaux que j'ai dessinés, ni les pieds de la déesse Lakshmi, ni l'œil des plumes de paon. Tu perds les détails.

Je me laisse entraîner.

Une fois devant ses peintures, elle me les commente et me donne leur signification. Elle avait raison : de loin, je ne voyais presque rien, et je ne comprenais pas grand-chose non plus. Quand elle parle de son art, son regard s'égaie comme si toutes les couleurs se détachaient du mur pour venir se nicher dans ses yeux.

Je me retourne, elle m'enlace la taille et ses doigts touchent mon dos. J'ai un mouvement de recul, comme au contact de charbons ardents.

– Ton corps n'est pas heureux ? me demande-t-elle.

– Laisse-moi tranquille, lui ordonné-je en arrachant ses mains de ma taille.

Je traverse le chauk en courant, disparais dans le couloir et plonge sur mon lit. Les larmes qui ruissellent sur mon visage trouvent du réconfort dans l'obscurité de ma chambre.

Je m'endors et je rêve que je vais pour la première fois chez Ramanlal. Je porte un sari tout neuf d'un rouge éclatant comme le soleil qui pointe à l'horizon, comme un piment de Cayenne fraîchement pilé, comme les boucles d'oreilles en rubis de Ba ; et d'un blanc pareil aux rayons du soleil, au jasmin en fleur, à l'anneau en diamant que Kaki porte sur son nez. Ramanlal est vêtu de soie dorée, comme lors de cette nuit au dharmashala.

Avant de pénétrer dans la maison, nous sommes accueillis comme un couple par sa mère. Sur un petit plateau, elle apporte de la poudre vermillon, du riz cru et une lampe à la lumière vacillante. Elle plonge son annulaire dans le vermillon et dessine un point sur le front de Ramanlal, puis sur le mien. Elle prend ensuite le riz et le colle par-dessus, en guise de porte-bonheur. Quelques grains tombent sur le nez de Ramanlal, y laissant une trace rouge. Je réprime un gloussement et me couvre le visage avec mon sari. Au moment de franchir le seuil, je trébuche et Ramanlal me rattrape juste avant que je tombe.

Depuis ce jour où j'ai fui Shani, je ne lui adresse plus la parole que si j'y suis obligée. Elle est pourtant pleine d'attentions, m'apportant de l'eau chaude pour mon bain, m'aidant à piler le millet. Quand je plie le linge et que je me bats avec les saris et les turbans, elle attrape les pans opposés pour éviter qu'ils traînent par terre. Tout ça, sans que je lui demande rien. Elle est gentille et je suis glaciale. J'en ai conscience mais je persiste dans mon mutisme.

J'arrive à l'oublier quand je suis entourée d'autres personnes : elle est là sans l'être vraiment. Mais quand je me retrouve seule avec elle, sa présence m'accable. Il n'y a pas d'échappatoire, je me consume sous son rayonnement.

J'aide Kaki à enduire le riz avec de l'huile de ricin pour qu'il ne s'abîme pas.

– Tu n'aimes pas beaucoup Shani, hein ? me demande-t-elle de but en blanc.

Je mets un peu de temps à lui répondre.

– Je n'aime pas le boucan qu'elle fait quand elle se déplace, expliqué-je tout en frottant le tas de grains avec mes mains huileuses.

– Tu trouves qu'elle parle trop ?

Je passe mes doigts collants entre les grains.

– Non.

– Alors quoi ?

– Elle est bruyante, c'est tout. Tous ces bijoux qu'elle porte me donnent mal à la tête.

Elle range le riz huilé dans le baril en métal, tout en me fixant de son regard pénétrant, qui semble fouiller au plus profond de moi.

– Tu viens d'une famille brahmane, cela la met peut-être mal à l'aise.

Je prends un seau en cuivre pour ramasser le riz.

– Pourquoi ?

Je n'y ai jamais songé.

– Souviens-toi, Shani, c'est Shani, et toi, c'est toi.

– Ce n'est pas la question. Elle a toujours l'air heureux et moi, ça me rend triste.

– Alors tu t'efforces de la rendre malheureuse en étant méchante avec elle ?

Je détourne les yeux.

– J'imagine, oui.

– Il faut que tu sois plus forte que cela.

Tout en remplissant le seau de riz pour le vider ensuite dans les barils, je réfléchis à ce que Kaki vient de me dire. Je suis injuste avec Shani.

Lakha nous annonce que Shani attend un enfant. À l'éclat de son regard, on jurerait qu'il tient déjà son bébé dans ses bras. Le visage de Shani rayonne d'une douce lumière et son ventre, plat comme la paume de la main et dur comme de la pierre, commence doucement à s'incurver. Je suis encore plus jalouse d'elle qu'avant, car même si j'ai un jour été une épouse, je ne serai jamais une mère.

Comme je me suis promis d'être gentille avec Shani, le lendemain matin je la salue avec enthousiasme. Elle me renvoie un large sourire, comme le jour où elle m'a rencontrée, et ça me fait du bien. Plus tard, je l'aide à traire les bêtes, je lui parle de Dahi et des buffles et je l'aide aussi à plier les turbans et les saris. Ce n'est pas grand-chose, mais c'est un début.

Un après-midi, je commence à lire le livre de Narmad que m'a donné Saviben. J'ai déjà étudié la plupart de ses poèmes et lu *Dandiyo*, mais là, il s'agit d'un ouvrage entier que je lis petit bout par petit bout. Narmad a des idées à la fois profondes et étranges, qui ont dû s'accumuler dans son cœur comme les nuages dans le ciel.

Il dit que le mariage des enfants est quelque chose de honteux qui devrait être immédiatement interdit. Il pense que les veuves devraient pouvoir se remarier. Il fallait être intelligent et courageux pour penser cela et pour l'écrire.

Comme la pluie de mousson dans la terre, ses réflexions pénètrent profondément en moi, en faisant germer d'autres. Ce n'est pas normal qu'on m'oblige à renoncer à tout, y compris à mes propres cheveux. Mais tout n'est pas perdu si d'autres gens partagent les idées de Narmad, sans se soucier de ce que pense la société.

Le bhajan de Narsi Mehta, un chant pieux que Kaka aime beaucoup, dit que nous sommes tous les éléments d'un même dieu. Si c'est vrai, alors veufs et veuves devraient être traités de la même façon. Certaines de nos traditions n'étaient peut-être que des fils de soie qui nous reliaient les uns aux autres, avant de finir par nous entraver comme des chaînes. Je ne suis peut-être pas la seule à les remettre en question.

J'ai peur de l'ampleur que prennent mes réflexions, peur qu'elles ne m'envahissent l'esprit. Narmad a des idées très radicales qui ne manquent pas d'opposants. Et moi qui ne suis qu'une pauvre veuve, on me bannira si on découvre que je partage son point de vue.

Je referme le livre et sors dans la cour. Shani s'est installée devant sa cabane pour broder, les jambes étendues devant elle, un coussin calé derrière le dos.

– Leelabon, approche, me dit-elle quand elle me voit.

– Veux-tu du thé ? lui demandé-je en avançant vers elle.

– *Ho've*, bien sûr ! crie-t-elle.

– Allons dans la maison alors.

J'attrape son coussin et son ouvrage et la laisse prendre sa tasse. Elle reste assise sur le seuil de la cuisine en attendant que je prépare le thé.

– Leelabon, qu'est-ce que tu lis toute la journée ?

Je lui tends mon livre. Elle secoue la tête.

– On ne nous apprend pas à lire ni à écrire.

– Lakha nous l'a déjà dit, mais j'avais oublié.

– Tu aimes lire ?

– Oui, et il le faut si je veux devenir médecin ou professeur.

– Professeur ? Comme Savibon ?

– Oui.

Pendant un moment, Shani se tait.

Je ne sais pas si elle est choquée par ce que je viens de dire ou tout simplement sceptique.

Le thé est prêt, elle me tend sa tasse et je la sers. Je bois le mien dans une tasse en argentan, assise à côté d'elle.

Elle souffle sur son thé avant d'en boire une petite gorgée.

– Il est bon.

De son autre main, elle tourne les pages du livre.

– C'est la légende de Rama et Sita ?

– Non.

– Alors de quoi ça parle ? Nous ne savons pas lire, mais nos anciens nous racontent beaucoup d'histoires sur Rama et Sita, sur le combat de Rama contre Ravana. Ils nous parlent aussi de Krishna, qui volait du beurre et qui a anéanti le méchant roi Kansa. Nous écoutons tellement d'histoires que, si on devait les écrire dans le ciel, elles le rempliraient entièrement, il n'y aurait plus de place pour les étoiles.

– Il y a d'autres histoires que tu ne connais pas.

– Alors raconte-m'en une de ce livre.

– Il n'y a pas d'histoires dans ce livre. C'est juste un texte.

– Mais si ça ne raconte pas une histoire, de quoi ça parle ?

J'explique à Shani ce que j'ai lu cet après-midi.

– Il est écrit ici que les femmes devraient avoir le droit de faire des études, comme les hommes ; et que les veuves devraient pouvoir se remarier, tout comme les veufs.

– *Chee*, chee, fait-elle. Quelle idée pour des gens d'une caste supérieure ! Si vous pouviez vous remarier, alors vous deviendriez comme nous.

Je manque de lâcher ma tasse.

– Les Rabari peuvent se remarier ?

– Mais oui. Moi, j'ai été mariée à trois ans et mes parents m'ont fait mon anu à quatorze ans. Mon mari était tout le temps malade : nous avons vécu ensemble pendant trois ans, mais il était trop faible pour me faire un enfant. Après sa mort, Lakha a demandé ma main, mon bapuji voulait que je l'épouse, mais, pendant deux ans, j'ai refusé. Une fois qu'on s'est lié à un homme, qu'on a fait avec lui le tour du feu sacré, il faut du temps pour accepter de prendre un autre mari.

– Mais maintenant, tu es mariée.

– Quand Lakha est venu l'été dernier, il a de nouveau demandé ma main. Il avait attendu longtemps : cela voulait dire qu'il avait vraiment des sentiments pour moi, alors j'ai dit oui.

– Et toi, tu avais des sentiments pour lui ?

– Oui, murmure-t-elle. Ils ont mis du temps à venir, mais à présent il est tout pour moi.

Je n'arrive pas à croire que Shani soit veuve, comme moi. Mais elle n'est pas née dans une famille brahmane, et c'est pour cela qu'elle a pu se remarier. Si j'étais sa sœur, je ne porterais pas de chidri et je n'aurais pas le crâne rasé. Quel est intérêt d'appartenir à la plus haute caste si c'est pour souffrir ?

Je réalise soudain que Shani me parle.

– Leelabon, Leelabon ?

– Quoi ?

– J'avais peur que tu ne te sois perdue.

– Perdue où ?

– Dans tes pensées. Nos anciens disent qu'il faut faire revenir la personne à qui ça arrive. À quoi tu pensais.

– Je me disais que toi tu avais eu une seconde chance, mais que moi je resterai toujours veuve. Et ça me rend triste.

– Moi aussi, m'assure-t-elle en me prenant la main.

– Si toi tu as le droit de te remarier, pourquoi pas moi ? Si les hommes brahmanes peuvent se remarier, pourquoi pas les femmes ? Pourquoi les femmes ne sont-elles pas traitées à égalité avec les hommes ?

– Ce n'est pas possible. Les hommes sont le feu et les femmes l'eau.

– Le feu et l'eau sont aussi dangereux l'un que l'autre, mais sans eux, nous ne pourrions pas survivre. Et qu'est-ce qui peut éteindre le feu ? L'eau.

Elle m'écoute attentivement, ouvrant un peu plus grand les yeux à chacune de mes paroles. On dirait deux rondelles de citron.

– C'est ce livre qui t'a appris tout cela ?

– En partie seulement. Ce genre de livre fait réfléchir, une idée en amène une autre.

– Je ne sais pas lire. On ne m'a appris qu'à broder.

– Mais tes ouvrages sont magnifiques. En plus, l'autre jour, tu m'as dit que tu avais inventé certains motifs.

– Oui, c'est vrai, me répond-elle, les yeux brillants comme les *abhla* qu'elle vient de coudre.

– J'aimerais tellement savoir broder des abhla et dessiner comme toi.

– Je t'apprendrai, et si tu veux bien…

– Je t'apprendrai à lire et à écrire.

Nous commençons sur-le-champ nos leçons.

Au début, l'abhla glisse et tombe quand j'essaie de le coudre. Shani glousse tandis que je tente de retrouver le morceau perdu.

– Ris tant que tu veux, mais un jour, je serai aussi douée que toi et je les coudrai par centaines.

– Ho've, réplique-t-elle. Alors laisse-moi me moquer de toi tant que je peux encore. Ce sera bientôt ton tour quand tu m'apprendras à lire toutes ces lignes noires qui courent sur le papier blanc.

– Je ne me moquerai pas de toi, promis-je en reprenant ma couture avec un fil jaune, aussi éclatant qu'une fleur de moutarde.

Je fais passer le fil de part et d'autre du tissu, tout autour du minuscule morceau de miroir. Les points ne sont pas réguliers, contrairement à ceux de Shani, mais l'abhla reste en place.

– Pourquoi appelles-tu cela un « abhla » ? lui demandé-je en en prenant un autre.

– Le mot vient de abh, qui signifie ciel, m'explique-t-elle en pointant son doigt vers le haut. La nuit, tout notre *nesdo* se réunit à la belle étoile. La terre est notre mère ; le ciel, notre père et nous essayons de rapporter des morceaux du ciel sur la terre.

– C'est pour cela que tu utilises du noir pour le fond ?

– Oui.

Je me souviens du sari de Saviben, celui violet et doré, que j'appelais « nishaakash » parce qu'il me faisait penser au ciel. De la même façon, les abhla étincelants rappellent à Shani la voûte étoilée. Je réalise que le ciel nocturne nous remplit toutes deux d'émerveillement.

J'apprends à Shani à reconnaître les lettres une par une, *ka, kha, ga, gha...* mais elle mélange tout et, au lieu de Shani, elle lit Khagi, ou Beeba à la place de Leela. Nous rions tellement que nous en avons les larmes aux yeux.

Au fur et à mesure, pourtant, elle progresse. Quand elle lit, elle n'a plus cet air contrarié, elle ne bute plus sur les mots et ne m'interroge plus du regard.

– Mon bébé sera intelligent, décrète-t-elle.

– Qu'est-ce que tu en sais?

– Parce que je suis en train d'apprendre à lire et que lui, là-dedans, il écoute. Le fils d'Arjun, Abhimanyu, est devenu un grand guerrier parce qu'il a entendu le plan de bataille de Krishna alors qu'il était encore dans le ventre de sa mère.

Shani n'arrive pas à lire plus d'une ou deux phrases et, pourtant, la conviction que son fils sera un enfant brillant illumine son visage.

– Shani a trouvé son guru, lance Kaki pendant le dîner.

– Qui est-ce? s'enquiert Bapuji.

– Leela? avance Kaka.

– Je ne suis pas son guru, je lui apprends juste à déchiffrer les lettres.

– Shani est une fille intelligente. Si elle était née dans une famille brahmane, elle saurait réciter les versets sanskrits, affirme Kaki.

J'ai envie d'ajouter: « et elle serait veuve comme moi », au lieu de quoi, je dis juste:

– Oui.

– Contrairement à l'argent, le savoir augmente quand on le partage, affirme Kaka.

Les yeux luisants, Ba me dit:

– Shani est ta première élève, Leela.

– Et je suis aussi la sienne. Elle m'apprend à broder des bouts de miroirs.

Kaki me presse la main.

– Je suis très fière de toi.

Un jour que Shani est en train de me montrer ses devoirs, Lakha rentre dans le chauk.

– Si ma femme étudie autant que toi, c'est bientôt elle qui me commandera, me dit-il.

– Si tu ne veux pas qu'elle étudie, pourquoi lui as-tu acheté une nouvelle ardoise ?

– Comment aurais-je pu la lui refuser ? C'est la seule chose qu'elle m'ait jamais demandée.

– Shani apprend vite, tu devrais commencer à l'écouter dès maintenant.

Son visage rayonne rien qu'à la regarder.

Elle rit.

– Tu n'as rien à craindre. Je n'aurais pas assez de deux vies pour apprendre autant de choses que Leelabon.

– Alors, j'ai encore le temps, dit-il en s'éloignant.

En lisant le journal, j'ai appris que les efforts de Gandhiji pour faire s'enrôler les jeunes dans l'armée ont échoué. Masi avait raison : les Gujaratis n'ont pas voulu envoyer leurs enfants faire la guerre pour les Engrej, et surtout pas ceux de Kheda, qui n'ont pas oublié la façon dont le sarkar les a traités pendant la sécheresse. Beaucoup de gens en veulent à Gandhiji d'avoir renoncé à prôner la non-violence.

Mais sa détermination est sans faille. Il pense qu'en tant que loyaux sujets de l'Empire britannique nous devons coopérer. Accompagné d'un certain Patel, il parcourt tout le Gujarat pour enrôler les jeunes gens. Personne ne les soutient. Ils marchent pendant des kilomètres, mangent très peu et dorment à même le sol. Gandhiji finit par tomber gravement malade et est rapatrié à Ahmedabad.

Nous recevons une lettre de Kanubhai, dans laquelle il explique que, comme beaucoup d'autres, il a tenté en vain de rendre visite à Gandhiji. Il est très faible et on ne l'autorise à voir qu'un petit nombre de personnes. À Ahmedabad, l'ambiance n'est guère réjouissante.

Il nous annonce aussi qu'il sera bientôt de retour à la maison, mais il ne parle pas de rejoindre l'armée. Masi avait tort sur ce point.

QUINZE

« Dans à peine six mois, ma quarantaine sera terminée », noté-je dans mon cahier, avant de relire les premières pages. À travers mes propres phrases, je revis la mousson et l'été précédent. Comment ai-je pu me sentir aussi reliée au monde alors que je ne pouvais pas aller plus loin que la maison et la cour ? Mon veuvage m'a immédiatement plongée dans le désespoir, alors que ma métamorphose s'est opérée doucement, comme une musique qui s'amplifie graduellement, lentement.

Voici le mois d'Asso : Diwali approche à grands pas. C'est la fête la plus importante, celle qui célèbre le retour de Rama après quatorze années d'exil.

Il y a onze jours que la pleine lune est passée. Je plie le linge dans le chauk quand j'entends la porte s'ouvrir. Ba et Kaki sont dans la cuisine, Bapuji et Kaka déjà partis sur notre exploitation, ce doit être Masi.

C'est Kanubhai.

Je me précipite vers lui, un turban à moitié plié à la main.

– Qu'est-ce qu'il y a là-dedans ? lui demandé-je en désignant la boîte qu'il tient dans ses mains.

– C'est tout ce qui t'intéresse ? Et si tu me demandais plutôt comment je vais ? me fait-il remarquer tout en m'enlaçant de son bras libre.

– Tu m'as l'air d'aller bien, répliqué-je en levant les yeux vers lui.

Il rit et me tend la boîte en échange du turban.

– Ouvre-la.

La boîte est tellement lourde que je dois la poser par terre. Je me mets à genoux et j'ouvre le couvercle, le parfum du safran embaume immédiatement l'air. Je jette un œil à l'intérieur: elle est pleine de *pendas*, mes friandises préférées. On n'en trouve pas à Jamlee. Elles sont préparées avec du lait bouilli, qu'on laisse épaissir jusqu'à ce qu'il se solidifie; on y ajoute ensuite du sucre, des épices. Les petits biscuits ronds et jaunes sont parsemés de graines de cardamome noires, une demi-amande épluchée est fichée au centre. Je coupe un penda en deux, je mets une moitié dans la bouche de Kanubhai et l'autre dans la mienne.

L'arôme de la cardamome granuleuse et humide explose dans mon palais avant que le goût subtil du safran ne vienne agréablement s'y mêler.

– Tu es le meilleur des frères.

Il finit de plier le turban.

– Si tu essaies de me flatter pour en avoir un autre, ça ne marche pas.

– Pourquoi les as-tu rapportés si tu ne veux pas que j'en mange?

Il pose le turban.

– Ils sont pour toi, bien sûr, mais aussi pour les gens qui viendront nous rendre visite.

Ces quelques minutes passées ensemble, juste tous les deux, sont bien agréables et je ne veux pas les gâcher en lui rappelant que personne ne viendra nous voir pour ce Diwali.

Kaki ne fait aucun commentaire quand elle découvre tous les pendas, mais Ba ne s'en prive pas.

– Je ne comprends pas pourquoi tu en as apporté autant. As-tu oublié que nous sommes toujours en deuil, que sa quarantaine n'est pas terminée ? Nous ne sommes pas censés fêter Diwali.

– Ba, si je suis revenu, c'est pour profiter des vacances avec Leela et c'est bien ce que j'ai l'intention de faire. D'ailleurs, les hommes se retrouvent tous les soirs sous le kesuda, sans parler d'Heeraben, Masi et Jivima qui viennent souvent nous voir, non ? Ça n'aurait pas de sens qu'ils ne nous rendent pas visite pour Diwali juste parce que…

Ba ne lui laisse pas le temps de terminer sa phrase.

– Ici, c'est comme ça !

– Et si l'on ne fait rien, ce sera toujours ainsi. Le monde entier va changer, excepté Jamlee.

– On n'est pas à Ahmedabad et Gandhiji ne vit pas ici, assène-t-elle en fronçant les sourcils.

L'expression sévère de son visage accentue la dureté de ses paroles.

Je garde les yeux rivés au sol, ça me fait trop de peine de l'entendre se disputer avec Kanubhai.

Il semble sur le point de lui répondre, mais se ravise.

– Leela, je suis désolé. Je m'en veux de t'imposer cela, mais c'est nous qui allons devoir manger tous les pendas ! me dit-il en me relevant le menton.

Il nous en donne une moitié à chacun.

Ce soir-là, Kaka joue du tanpura et moi des *manjiras*, tandis que Kanubhai chante le Bhajan de Narsi Mehta. Lakha et Shani se joignent à nous.

Akhil Bramandma, ek tu shrihari
Jujve roop anant bhase.
De tout l'univers, c'est toi le dieu unique
Et pourtant tu te manifestes sous une infinité d'espèces et de formes.

Le tintement des manjiras se détache sur la voix profonde de Kanubhai, comme les étoiles sur le ciel violet noir. Kaka m'invite à chanter à mon tour. Ma voix est d'abord hésitante, puis elle prend progressivement de l'assurance. Après, plus personne ne souffle mot pendant quelques minutes. Puis Ba me caresse la main et Bapuji s'éclaircit la gorge.

Leela, c'était magnifique.

Je suis heureuse. Je sais apprécier les rares compliments que Bapuji octroie.

Dès que je me couche, je ferme les yeux, la musique s'est tue, mais la magie de ce moment flotte encore dans l'air.

L'année dernière, pour Diwali, Kanubhai et moi avions acheté au marché différentes teintes d'albâtre moulu, fin comme du sel. Nous avions dessiné un *rangoli* sur le sol, devant la maison. C'est un dessin géométrique tracé à la poudre. J'avais choisi du violet pour remplir les grands triangles, du bleu outremer pour les carrés, et du rouge rubis pour les contours. Nous avons conservé les restes de couleur dans de vieux journaux. Pendant ma quarantaine, je ne suis pas censée participer aux fêtes ni faire un rangoli. Pourtant, la veille de Diwali, Kaki nous propose d'utiliser les restes de poudre.

– Qu'est-ce que les gens vont dire ? demandé-je.

– Si tu fais un rangoli dans un coin, personne ne le verra.

– Ça me paraît une excellente idée, approuve Kanubhai.

Cela fait longtemps que je n'ai pas vu autant d'espièglerie briller dans ses yeux bruns.

Je balaie un coin du chauk tandis qu'il ouvre les différents paquets.

– Si on dessinait des arbres, des fleurs, un fleuve ? lui proposé-je.

– Et un paon qui danse, ajoute-t-il.

Nous nous mettons au travail en fin de journée, quand le soleil est déjà de l'autre côté de la maison, derrière le jamboo.

– C'est fou, le temps qu'on peut passer sur un dessin éphémère, constaté-je tout en répandant de la poudre rouge à l'intérieur des motifs de roses.

– Quand tu étais petite, il te fallait dix minutes pour plier un drap. Tu faisais attention à ce que les coins soient bien bord à bord et qu'il n'y ait pas de faux pli. J'avais beau te dire que ça n'avait pas d'importance, que le lendemain il faudrait de toute manière le déplier, tu ne m'écoutais pas.

– Je voulais bien faire.

– Et aujourd'hui ? Tu n'as pas envie de dessiner de magnifiques rangoli ? me demande-t-il en me caressant les joues du bout des doigts.

Puis il se met à rire.

– Tes joues, on dirait des jamboo.

Je me touche le visage.

– Tu viens de leur rajouter du rouge !

Il n'y a que mon frère qui puisse me faire porter à nouveau ces couleurs !

– J'ai réfléchi. J'aimerais aller dans un pensionnat à Ahmedabad. Tu crois que Bapuji et Kaka m'y autoriseront ? l'interrogé-je.

– Concentre-toi sur la réussite de tes examens et laisse-moi m'occuper du reste, me dit-il.

– Que feras-tu si Bapuji et Kaka refusent ?

– Je ne me fais pas de souci pour Kaka.

Il s'arrête de peindre et se redresse. Les mâchoires serrées, il regarde au loin.

– Quant à Bapuji, il faut qu'il accepte.

Il prend une pincée de poudre marron puis, dans un mouvement de va-et-vient, il la répand entre les lignes, faisant apparaître un tronc d'arbre. Quelqu'un va sans doute marcher dessus sans faire attention et tout gâcher, mais, pour le moment, c'est parfait.

Le lendemain de Diwali, c'est le Nouvel An, et Kaki insiste pour que l'on s'installe dans le petit salon.

– Toute notre vie, nous n'avons utilisé ce salon que pour recevoir les invités, à partir d'aujourd'hui, nous l'utiliserons aussi pour nous, déclare-t-elle.

– Tu veux dire, tous les jours ? demandé-je.

– Cette pièce fait partie de la maison au même titre que la cuisine et les chambres, non ? Alors, oui, désormais, elle restera toujours ouverte.

Je tire sur les draps du sofa et je tapote les coussins. Ça me fait bizarre de penser que, désormais, cette pièce est aussi la nôtre.

Nous n'attendions aucune visite, mais Saviben et Gros Soma viennent chacun à leur tour nous souhaiter une « *Saal Mubarak*, bonne année ».

Quand Saviben arrive, tout le monde est déjà parti au temple, à part Ba et moi. Mon cœur fait un bond en la voyant, elle porte un sari blanc comme les disciples de Gandhiji. Rien qu'en regardant le tissu, je devine qu'il est grossier et rêche.

– Que penses-tu de ma nouvelle résolution ? me demande-t-elle, le visage rayonnant.

– Vous voulez parler de ce sari en coton tissé main ?

– Oui. Tout l'été à Ahmedabad, je n'ai porté que des *khadis*. À mon retour, j'ai remis mes anciens saris, mais ils ne me convenaient plus.

L'influence de Gandhiji est manifeste, mais pourquoi renoncer aux couleurs que nous aimons tant toutes les deux ? Je vois bien malgré tout qu'elle est fière et heureuse de sa décision.

– Le blanc vous va très bien, l'assuré-je.

Ba sert le thé.

– Vous retournerez à l'ashram cet été ? demande-t-elle à Saviben tandis que nous buvons.

– Oui.

– J'ai du mal à croire que des gens de différentes castes puissent cuisiner et manger ensemble.

– Nous n'aurions pas l'impression de former une famille sans cela. Là-bas, nous ne sommes que des êtres humains.

Ba secoue la tête. On ne doit pas manger de la nourriture préparée par des castes inférieures. Mais, elle ne dit rien.

Saviben sort un paquet de son sac et me le tend.

– Je suis désolée de t'offrir cela… J'aurais… J'aurais préféré te rapporter autre chose.

– Pourquoi dites-vous cela ? Venant de vous, ça ne peut que me plaire, la rassuré-je en défaisant le paquet.

Un chidri en soie s'en échappe et dégringole sur le sol, en se dépliant comme un éventail. Le tissu est chatoyant, dans les tons marron rouge, rien à voir avec mes chidris en coton. Il est bien plus beau que tout ce que j'ai pu porter depuis mon veuvage. Je le colle contre ma joue : il est doux, plus doux que de la poudre vermillon.

Je montre à Saviben les rangoli que Kanubhai et moi avons faits.

– Je suis contente que ton frère soit venu célébrer Diwali avec toi. Certains souvenirs nous accompagnent toute notre vie et je suis sûre que celui-ci restera gravé dans ta mémoire.

– Je n'oublierai jamais non plus le jour où vous avez proposé à Ba et à Kaki de me donner des cours. À l'époque, je n'en avais pas vraiment envie, mais à présent, je sais que c'est la meilleure chose qui me soit arrivée.

Elle m'attire vers elle. Le palav rêche de son khadi me râpe les joues, mais je m'en fiche.

Masi arrive juste au moment où Saviben s'en va. Je les observe tandis qu'elles discutent un instant sur le seuil. Je ne peux pas entendre ce qu'elles se disent mais j'imagine qu'elles se souhaitent « Saal Mubarak ».

Masi ne fait aucune remarque sur Saviben et c'est très bien ainsi. Le jour du Nouvel An, nous sommes censés oublier nos divergences et faire preuve de tolérance les uns envers les autres. Masi l'a peut-être compris.

En arrivant, Gros Soma s'incline devant Kaka, Kaki,

Bapuji et Ba. Kaki lui donne une roupie d'argent et je lui propose des pendas. Il en prend un et s'assoit sur le sofa.

Il range le penda dans son mouchoir.

– Pushpa est partie chez ses parents ? lui demande Ba.

– Non, mais elle ne se sent pas bien.

Pendant que nous discutons, je remarque que sa main joue avec les franges du coussin.

– Tu ne le manges pas ? lui demandé-je en désignant le mouchoir qu'il tient dans l'autre main.

Il me regarde, hésite une seconde et finit par marmonner :

– On n'en trouve pas d'aussi bon à Jamlee, je voudrais le partager avec Pushpa.

Kanubhai lui fait un clin d'œil.

– Si tu manges celui-ci, je t'en donnerai deux autres pour Pushpa.

Il sourit, découvrant sa dent de travers.

– Et si j'en mange deux ?

– Dans ce cas, je t'en donnerai quatre pour elle.

Ba met plusieurs pendas dans un padio et donne un paquet à Gros Soma en lui disant :

– Régalez-vous, mais ne dites à personne qui vous les a donnés, d'accord ?

– Je comprends.

Avant de partir, il me dit :

– Je suis content d'être venu.

– Moi aussi.

Même s'il a honte de le montrer, ça se voit qu'il aime Pushpa et qu'il est inquiet pour elle. Je m'étonne de ne ressentir aucune jalousie et de souhaiter au contraire leur bonheur. Ce n'est pas que j'ai fini par accepter mon sort, c'est juste que je ne suis plus aigrie.

Kanubhai s'en va deux jours plus tard. L'après-midi, j'écris dans mon cahier: «Ce Diwali que je n'étais pas censée fêter est terminé. Cette année, j'ai vraiment compris sa signification: le monde semble plus radieux.»

SEIZE

Une semaine a passé depuis Diwali. Je lis, assise dans le chauk, quand Masi arrive.

– J'ai vu ta kaki partir au temple et je me suis dit que j'allais en profiter pour passer un petit moment avec ma sœur.

Je lui montre la cuisine.

– Ba est là-bas.

Elle ne bouge pas.

– Qu'est-ce que tu lis, Leela?

Je lui tends l'exemplaire de *Dandiyo*. Elle l'examine quelques secondes puis me le rend.

– Qui t'a donné ça?

Il y a un gouffre entre ses idées et celles de Narmad, elle l'a même traité de radical. Je fais comme si je ne le savais pas.

– Tiens, tu apprécies ses écrits? Je peux te prêter un de ses livres, si tu veux.

Son visage se fige.

Ba sort de la cuisine en s'essuyant les mains sur un bout de vieux sari.

– J'ai cru entendre ta voix, dit-elle à Masi.

Masi se tourne vers elle.

– Tu savais que ta fille lisait Narmad?

– Et alors ?

– Je vais te le dire ! Certains le considèrent comme un écrivain et un poète, mais ce n'est qu'un fauteur de troubles. Ses idées radicales et révoltantes se répandent dans les écoles plus vite que les commérages sous un banian.

– Masi, je ne crois pas…

Elle ne me laisse pas finir.

– Ma sœur, tu ne voudrais pas qu'il arrive à Leela la même chose qu'à Kaveri, de Balasinor ?

Kaveri était veuve, comme moi. Il y a deux ans, elle avait alors quatorze ans, elle s'est enfuie avec un coiffeur et elle vit aujourd'hui avec lui dans la ville de Disa, très loin de sa famille. On raconte qu'il la maltraite.

Masi poursuit :

– Une veuve brahmane qui s'enfuit avec un garçon d'une caste inférieure, quelle honte ! Non seulement pour sa famille mais pour toute sa caste. Qui sait ce qu'elle endure aujourd'hui ? Et tu sais pourquoi c'est arrivé, ma sœur ? Parce qu'on avait laissé trop de liberté à Kaveri. Après son année de deuil, elle est retournée à l'école. Sur le chemin, elle passait tous les jours devant la boutique du coiffeur. Cela a sans doute commencé par des petits riens, un regard, un geste de la main, quelques mots articulés en silence, pour aboutir à un désastre.

– Qu'est-ce que la fugue de Kaveri a à voir avec Leela ?

– Mais tout ! Si Leela se laisse influencer par des idées aussi progressistes, on ne pourra plus la tenir.

– Elle doit rester encore quatre mois à la maison. Et quand elle pourra enfin sortir, je sais qu'elle ne fera jamais rien qui puisse nous faire honte, assure Ba.

– Tu crois que la ba de Kaveri ne pensait pas comme toi ? Parfois les filles n'ont même rien à se reprocher, elles sont contraintes et forcées par certains hommes. En particulier si elles sont jeunes et veuves. On pense que ça ne peut pas leur arriver, et pourtant... Combien de filles se retrouvent enceintes et finissent par se suicider en se jetant dans un puits ? Combien sont assassinées en secret par leur propre famille quand celle-ci découvre qu'elle l'a déshonorée ? Beaucoup trop ! Il y a toujours un homme qui se cache derrière ces désastres.

Le visage de Ba s'assombrit.

Masi baisse la voix.

– Tu es assez riche pour subvenir aux besoins de Leela pendant au moins sept vies. Je sais que vous vous êtes tous laissé avoir par Saviben, mais moi, je ne tolérerais jamais une femme aussi moderne sous mon toit. Pourquoi portait-elle un khadi blanc le jour du Nouvel An, au lieu d'un sari en soie rouge ou violet ?

– C'est une disciple de Gandhiji, rétorqué-je.

Masi me lance un regard noir.

– Ne m'interromps pas, Leela. Tu ne vois donc pas que la politique lui tourne la tête ? Et je pose la question : est-ce que ça regarde les femmes ? Si elle était destinée à se battre pour nos droits, Dieu l'aurait faite homme.

– Kanubhai dit qu'à Ahmedabad les femmes et les hommes participent ensemble à la vie politique. Ce n'est qu'une question de temps, mais un jour nous vivrons la même chose ici.

– Ton Kanubhai, en voilà un autre qui a des idées progressistes ! A-t-il conscience qu'on ne peut pas gagner contre les Engrej ? Dis-moi un peu ce qu'on a obtenu avec la satyagraha de Kheda ? Les Britanniques sont des gens intelligents. Et il le faut pour réussir à gouverner un peuple à huit mille kilomètres de distance. Personne parmi nous n'a été capable de faire ce qu'ils ont fait. Si nos hommes veulent se battre pour obtenir davantage de droits, qu'ils le fassent, mais nous, les femmes, ferions mieux de rester à la maison pour préparer le repas.

– Rani Lakshmibai, la reine de Jhansi, s'est battue contre les Anglais, rappelle Ba.

– Et que lui est-il arrivé ? Certains disent qu elle est morte en combattant pour son pays, qu'elle est devenue une *shaheed*. Une reine peut sans doute devenir une martyre, mais Saviben n'est pas reine. Et elle n'a pas le droit de répandre ses idées empoisonnées dans l'esprit de ses jeunes élèves.

– Tu exagères. Je crois…

– Non, je n'exagère pas. Fais-moi confiance, je sais ce que je dis. Je considère Leela comme ma propre fille et ça me rend malade d'imaginer ce qui pourrait un jour lui arriver. Libre à toi de ne pas me croire, mais c'est mon devoir de te prévenir. Après quoi, tu ne m'entendras plus, mais je t'aurai dit ce que j'ai sur le cœur et je me sentirai mieux.

Ba ne répond pas.

– Penses-y, lui dit Masi, et rappelle-toi que, si tu donnes du grain à moudre aux commères, tu auras d'autant plus de mal à les faire taire.

Je n'y tiens plus.

– Qu'est-ce que tu veux dire par là ? Je n'ai pas mis un pied dehors depuis des mois. Si les gens ont encore envie de parler de nous, grand bien leur fasse ! Nous n'avons pas besoin d'eux et tu n'as pas à te mêler de nos affaires.

– Leela, ne parle pas à ta masi sur ce ton, me reprend Ba, la voix tranchante comme une lame de couteau.

Puis elle se tourne vers Masi et ajoute :

– Ça suffit ! Laisse-nous tranquille.

Masi ouvre et ferme la bouche sans qu'un mot en sorte. Avant de partir, elle menace une dernière fois Ba.

– Tu… tu as trop gâté Leela. On ne doit jamais gâter une veuve. Tu sais ce qu'on dit : « Une veuve gâtée est une fille perdue. » C'est vraiment ça que tu veux ?

Elle s'en va sans attendre de réponse.

Le silence s'abat entre nous. Je suis furieuse. Au nom de quoi Masi se permet-elle de condamner l'influence de Narmad et de Saviben sur moi, alors qu'elle ne se gêne pas pour asséner à Ba ses conceptions vieillottes ?

– Je vais préparer le dîner, lâche Ba en regardant vers la cuisine.

D'habitude, je l'aide mais pas aujourd'hui.

DIX-SEPT

Pendant des mois, j'ai lu le journal parce que Saviben me le demandait, que cela faisait partie de mes devoirs, mais maintenant, c'est devenu un besoin. C'est ainsi que j'apprends que la récolte sera bonne à Kheda ; que Gandhiji est toujours malade mais hors de danger ; et en novembre, que la guerre est terminée et qu'il n'y a plus besoin de nouveaux soldats.

Avant, je ne m'intéressais ni au sort des fermiers, ni aux décisions de nos dirigeants, ni même à l'issue de la guerre. À présent, je vois chaque événement comme la partie d'un tout, comme les rayons d'une même roue. C'est l'ensemble qui permet d'avancer vers l'avenir.

La sécheresse de l'an dernier – avec l'adhésion de Bapuji à la satyagraha et la mort de Mani –, les pluies importantes de cette année, la guerre et les prix qui grimpent à cause d'elle, tous ces événements m'ont directement touchée. L'abondance des récoltes et la paix seront bénéfiques pour tous, je l'espère.

J'ai reçu une lettre de Jaya.

Chère Leela,

Cela fait longtemps que tu ne m'as pas écrit. Comment vont tes études ? Seras-tu prête pour tes examens ? La semaine der-

nière, Kanubhai nous a fait une visite surprise et nous a raconté en détail toutes les nouvelles. J'espère que d'ici quelques mois tu seras à Ahmedabad. On pourra alors se voir puisque nous ne sommes qu'à deux heures de la ville.

Lis-tu les journaux ? Moi, oui. J'ai l'impression que, même si nous nous ne pouvons pas nous voir, nous sommes désormais reliées par tout ce qui se passe dans notre pays, autour de nous.

Écris-moi pour me dire comment tu vas.

Je t'embrasse,

Jaya.

Jaya est tout excitée à l'idée que j'aille à Ahmedabad et qu'on puisse se voir souvent. Ça me fait plaisir, sauf que, pour l'instant, je n'ai toujours pas reçu d'autorisation formelle. Si Bapuji refuse, le reste n'aura plus aucune importance.

Je réponds à Jaya que je travaille dur en vue de mes examens. Je termine ma lettre en lui disant que j'ai hâte de la voir cet été.

Si seulement il suffisait d'avoir très envie de se voir pour que cela arrive…

Le froid arrive tard, sous la forme d'un vent glacé et mordant qui siffle à travers toute la maison. Il s'infiltre jusque dans le sol, s'étend sur les lits, se dépose sur la vaisselle et se dissimule sous mon chidri. Ba me donne deux chidris épais et des poulkas en laine à manches longues pour avoir chaud.

Lakha allume le feu dans la cour chaque matin, Shani l'entretient avec des broussailles et des galettes de bouses séchées jusqu'au milieu de la matinée, quand le soleil commence à réchauffer l'air. Je m'assois près du feu pour me brosser les dents, elle me salue d'un Jai Shri Krishna et nous nous pelotonnons l'une contre l'autre pour nous réchauffer.

Shani et moi passons nos après-midi dans le chauk. Elle s'assoit, le dos calé par deux ou trois oreillers, et fait ses devoirs tandis que je brode. Comme ça, nous pouvons nous aider l'une l'autre. Shani sait à présent lire et écrire des phrases simples et elle apprend les chiffres et les additions. Quant à moi, je couds désormais des points bien réguliers autour de mes abhla. Shani décrète parfois un jour de congé et se met à fabriquer des jouets en peluche pour son bébé. Elle choisit un morceau de tissu coloré et le plie en deux avant d'y dessiner un oiseau ou un animal. Ensuite, elle découpe la forme et coud les deux morceaux ensemble, en laissant une petite ouverture, qu'elle remplit de coton. Elle est capable d'en faire deux ou trois en un après-midi. Parfois, elle coud un bec rouge à un perroquet, un abhla sur les flancs ou le dos d'un éléphant.

Après notre séance de travail, je fais du thé et nous bavardons.

C'est toujours moi qui fais le thé et qui le verse dans la tasse qu'apporte Shani. C'est étrange de penser que, si nous vivions toutes les deux dans un ashram, je pourrais boire le thé qu'elle aurait préparé, partager la même vaisselle, je pourrais même me remarier, tout comme elle, puisqu'il n'y aurait plus aucune différence entre nous.

Début janvier, Lakha emmène Shani chez ses parents. Lui fera juste l'aller-retour, mais elle passera les dernières semaines de sa grossesse là-bas et ne reviendra que lorsque le bébé aura un mois.

– Reviens vite, lui dis-je en la serrant dans mes bras.

– Je serai de retour dès que ma mère m'autorisera à voyager.

Sa présence rythmait mes journées : que vais-je faire sans elle ?

DIX-HUIT

Je prends en charge une partie des tâches de Shani. Chaque matin, j'aide Ba à battre le beurre et Kaki à piler le millet et le blé, je balaie et nettoie aussi le sol. Mais, malgré ces travaux supplémentaires, les journées me semblent monotones. Je suis contente que Kanubhai nous rende visite au milieu du mois de janvier. C'est la première fois qu'il revient depuis Diwali. Je devine que quelque chose le tracasse parce qu'il ne tient pas en place. Il n'arrive même pas à se poser un moment pour discuter avec moi, les yeux dans les yeux.

Nous mangeons des crêpes fines, à la farine de blé, et d'autres épicées, à la farine de pois chiches.

– Tu vas rester toute la semaine ? lui demandé-je.

– Je dois repartir dans deux jours.

– Et tu reviendras à la maison cet été ?

– Je ne sais pas. Et si toi tu venais à Ahmedabad ?

– Moi ?

Je me mets à applaudir tout en souriant. Je repense à la lettre de Jaya. Il a dû lui en parler quand il lui a rendu visite.

– Ce serait formidable de passer l'été avec toi, et comme ça, je pourrais aussi voir Jaya.

Ba, qui est en train d'étaler la pâte à crêpes dans la poêle, s'interrompt.

– Ne fais pas à Leela des promesses que tu ne peux pas tenir.

– Je t'assure que je reviendrai la chercher.

– Je te rappelle que tu n'en as encore parlé ni à ton bapuji ni à ton kaka, assène Ba.

Les joues de Kanubhai se crispent, ses yeux brillent de colère.

Nous continuons de manger en silence, on n'entend que les légers sifflements de vapeur qui s'échappent de la poêle.

Kanubhai a toujours fait preuve envers Ba d'un respect empreint de tendresse. Ce respect semble avoir disparu. Je sens bien qu'il est furieux, même s'il ne se dispute pas avec elle. Il mange très peu et boit trois gobelets d'eau, comme s'il essayait de noyer la colère qui brûle à l'intérieur de lui.

L'après-midi, Kanubhai, Bapuji et Kaka se retrouvent sous le kesuda. Je les observe depuis la maison : leurs visages se penchent l'un vers l'autre, leurs lèvres palpitent mais leurs pieds restent fermement ancrés dans le sol

À certains moments, Kanubhai remue les mains, comme un combattant son épée ; à d'autres, il fait courir ses doigts sur l'écorce de l'arbre. Par deux fois, il enfouit son visage dans ses mains. Ils restent tous les trois debout là pendant deux heures.

Plus tard, Kanubhai parle à voix basse avec Ba et Kaki dans le salon de réception.

J'aimerais bien savoir ce qu'il leur a raconté, mais il part à la ferme avec Bapuji et Kaka avant que j'aie l'occasion de le lui demander.

– J'aimerais tant que tu puisses nous accompagner, me dit-il avant de partir. Sans toi, la ferme ressemble à une fleur sans parfum.

– Rapporte-moi des cacahuètes, s'il te plaît.

– D'accord. Je n'en mangerai pas une seule sur place, m'assure-t-il.

Sa voix se brise.

Je n'aime pas entendre sa voix vaciller ainsi. Mon veuvage a-t-il à ce point secoué mon grand frère, pourtant solide comme un roc?

J'aimerais tellement aller à la ferme, moi aussi. On plante les cacahuètes au début de la mousson et, quelque temps après, on voit les fleurs jaunes des plants recouvrir les champs. Moi, j'aime quand les pluies sont passées et que le froid s'installe parce que c'est la saison des récoltes.

Autrefois, à cette époque, Kanubhai m'emmenait à la ferme. Je soulevais les plants de cacahuètes secouais la terre et cueillais les cosses fraîches. Kaka faisait un feu et en grillait quelques-unes sur place. Le soir, quand j'allais me coucher, je sentais l'odeur des cacahuètes fraîches grillées et celle de la terre riche et noire.

Le soir, Kanubhai revient avec des plants de cacahuètes feuillus. Lakha fait un petit feu et je secoue les plants pour les débarrasser du maximum de poussière. Nous nous asseyons tous autour du feu sur les khatlis. Kaka me tend quelques cacahuètes grillées et, pour la première fois depuis mon veuvage, je vois un sourire se dessiner sur son visage.

– Tu en as fait griller quelques-unes à la ferme?

Il fait non de la tête.

– Pour quoi faire? Tu n'étais pas là.

« Vous y étiez tous », ai-je envie de lui dire, mais son sourire a disparu et je me tais.

Je prends mon petit déjeuner dans la cuisine quand Kanubhai entre, le journal à la main. Il a le visage grave.

– Que se passe-t-il ?

Il me montre un article.

– Il y a un nouveau projet de loi, appelé Rowlatt. S'il est voté, le sarkar britannique pourra mettre n'importe qui en prison sans preuve.

– Comment peut-on jeter quelqu'un en prison sans preuve ?

Kaki se tourne vers nous, le visage rougi par les flammes du fourneau.

– Les gens au pouvoir sont assis sur leur trône, bien au-dessus de nous. Nous n'avons pas les bras assez longs pour les atteindre, mais les leurs peuvent descendre jusqu'à nous.

– Gandhiji va se battre contre ça, explique Kanubhai en montrant le journal. Il a écrit un autre article dans lequel il dit qu'il déclenchera une satyagraha contre le sarkar s'il essaie d'imposer la loi Rowlatt.

Je me souviens quand Bapuji et les fermiers de Kheda se sont engagés à ne pas payer l'impôt.

– Tu crois que Bapuji va le suivre ?

– Bien sûr que oui, affirme Kanubhai. Cela concerne tous les Indiens et nous devons nous battre tous ensemble.

– Moi aussi ? demandé-je sans réaliser ce que je dis.

– Oui. Bientôt viendra pour toi le moment de manifester avec les autres.

Je dois encore rester deux mois confinée à la maison,

mais un jour, je pourrai rejoindre ces hommes et ces femmes. Mon cœur s'emballe d'excitation.

Je note que Kaki n'a pas contredit Kanubhai.

Dans l'après-midi, je prends la main de Kanubhai et le fais asseoir à côté de moi.

– As-tu parlé de moi à Bapuji et à Kaka ?

– J'ai essayé…

Il détourne les yeux sans finir sa phrase.

– Qu'est-ce que tu veux dire ? demandé-je, la voix tremblante.

– Pour prendre des décisions et avancer, il faut avant tout discuter, mais nous avons tourné en rond. Au bout de deux heures, Bapuji et moi n'étions toujours pas d'accord.

– Et Kaka ?

– Je crois qu'il veut bien te laisser partir, mais Bapuji est tellement têtu.

– Si je reste ici, toute ma vie ressemblera à cette année. Ce n'est pas juste qu'un homme puisse se remarier quand sa femme meurt. Pushpa est la seconde femme de Gros Soma, on ne l'a pas obligé à se raser la tête ni à vivre reclus pendant un an. Et moi, si. À présent, tout ce que je demande, c'est de quitter Jamlee pour pouvoir faire quelque chose de ma vie. Pourquoi ne me laissent-ils pas partir ?

– Parce que aucune veuve n'a jamais fait cela à Jamlee.

– Et pourquoi je ne serais pas la première ? Nous sommes brahmanes, rien ne devrait être plus important à nos yeux que la quête du savoir.

Ma voix chancelle tandis que je prononce cette phrase.

Kanubhai reporte son attention sur moi.

– Continue de travailler sans te préoccuper du reste. Même si nous ne sommes pas tombés d'accord, Bapuji m'a écouté. Et quand il y repensera, il comprendra.

Il pose la main sur mon épaule.

– Tout va s'arranger, je te le promets.

Je sais que mon frère tiendra parole. Mon cœur déborde d'émotion, je fonds en larmes.

Je jette mes bras autour de son cou.

– Tu seras fier de moi.

– Je le suis déjà. Pas un jour ne passe sans que je pense à toi. Dans deux mois, tu pourras sortir, mais il faudra que tu sois prête. Ici, les gens ont pris l'habitude de confiner les veuves dans un coin. Si tu veux être entendue, il faudra que tu sois forte et déterminée.

– Comme les femmes et les hommes qui manifestent avec Gandhiji ?

– Exactement, confirme-t-il en me pressant la main.

Kanubhai part tôt le lendemain matin. Quand je me réveille, il fait encore nuit et froid. Je mets un châle, me brosse rapidement les dents et traverse le chauk jusqu'aux marches du perron, où se tiennent déjà Kaka, Kaki, Ba, Bapuji et Kanubhai. La nuit s'estompe et, en quelques instants, les ailes rouge et or d'Usha, la déesse de l'Aube, enveloppent le ciel. Un mainate virevolte dans l'arbre en chantant.

Kanubhai n'a qu'un sac en toile, avec deux vêtements de rechange, Ba y glisse une boîte remplie de *sukhadi* et plein de *thepla*.

Kanubhai pose la main sur ma tête, par-dessus mon chidri, et je me mets à pleurer.

Il se tourne vers Bapuji et Kaka.

– Pardonnez-moi si j'ai été impoli ou têtu. Dieu seul sait à quel point ça me rend malade.

J'observe Bapuji et Kaka. Bapuji s'éclaircit la gorge.

– Fais attention à toi, lui dit Kaki.

Elle ne pleure pas, mais sa voix est comme baignée par les larmes.

Même si je déteste le moment du départ, je suis contente que Kanubhai soit venu. J'ai apprécié cette soirée que nous avons passée tous ensemble dans le chauk, la chaleur du feu, le flot de lumière déversé par la lune, le goût des cacahuètes… Je me suis sentie enveloppée par la tendresse de ma famille.

DIX-NEUF

« Plus que cinq semaines à rester cloîtrée », noté-je dans mon cahier.

Je jette un œil dans le miroir. Avec ma tête rasée, mon chidri marronnasse, sans bijoux, j'ai l'air d'une horrible poupée de boue. Kanubhai avait raison, les gens ne verront jamais en moi qu'une veuve qu'il vaut mieux éviter. J'ai attendu si longtemps que cette année se termine, que je puisse enfin aller dehors, et à présent je ne suis plus sûre de rien.

Saviben vient désormais deux fois par semaine et me donne beaucoup de devoirs pour préparer les examens de fin d'année.

Le 6 février, le projet de loi Rowlatt est présenté devant le Conseil législatif impérial, à Delhi. Les chefs politiques indiens sont contre, mais le sarkar ne semble pas se soucier de leur avis.

– Gandhiji parle de lancer une satyagraha pour protester contre le projet de loi. Vous croyez que ça peut changer quelque chose ? demandé-je à Saviben.

– Rappelle-toi ce que dit la *Bhagavad Gita* : « *Karmanye vadhikarste ma fuleshu kadachan* : accomplis ton karma sans rien attendre en retour. » Tous les Indiens doivent s'opposer au projet, parce qu'il est injuste, peu importe la réaction du sarkar.

– Quand j'ai bien travaillé, je m'attends à avoir des bonnes notes.

– Mais tu risques d'échouer si les questions sont difficiles, et tu seras alors déçue et frustrée.

– Ça veut dire que je devrais préparer mon examen sans me soucier des résultats ?

– Exactement.

Cela me paraît difficile. Peut-être est-ce pour cela que j'ai eu l'impression que la satyagraha de Kheda était un échec, contrairement à Gandhiji, qui l'a fait tout simplement parce que c'était son devoir de lutter contre une injustice.

Après le petit déjeuner, j'ai pris l'habitude de parcourir en vitesse les titres du journal avant que Bapuji le prenne. Je termine ensuite mes corvées, je révise et, après le déjeuner, je peux enfin lire le journal d'un bout à l'autre. Chaque jour, la tension et l'opposition au projet Rowlatt s'intensifient.

Un jour, je lis une lettre que Gandhiji a écrite à la presse, où il annonce l'ouverture d'une école dans son ashram. Il y développe ses opinions sur l'éducation, y compris sur l'importance d'utiliser notre langue maternelle comme langue d'enseignement, d'apprendre l'hindi et l'anglais et d'étudier de nombreuses matières. Il explique aussi que l'homme et la femme ont tous deux besoin de s'instruire si l'on veut qu'ils œuvrent sur un pied d'égalité. J'apprécie particulièrement ce passage.

L'après-midi, je note dans mon cahier. « Bapuji a adhéré à la satyagraha, mais acceptera-t-il que j'aille étudier dans l'ashram de Gandhiji ? Et moi, en ai-je vraiment envie ? J'aimerais tant que Shani soit là pour qu'on puisse discuter de tout cela. »

Je demanderais bien à Saviben de parler à Bapuji et Kaka, mais en même temps j'ai peur des conséquences. Et s'ils se disputaient avec elle, lui reprochaient de se mêler de ce qui ne la regarde pas, ou, pire encore, s'ils lui interdisaient de revenir me voir ?

L'hiver décline, la douceur du printemps s'attarde jusqu'au soir. Nous ne dormons plus qu'avec une seule couverture et j'ai rangé mes poulkas en laine et mes épais chidris. Nous n'avons plus besoin de faire brûler des galettes de bouse et des brindilles pour nous réchauffer.

Je commence à compter les jours jusqu'à la fin de ma quarantaine. Plus la date se rapproche, plus le temps semble passer lentement, et cela me rend nerveuse. L'après-midi, pendant que Ba et Kaki font la sieste et que Bapuji et Kaka sont aux champs, je fais les cent pas sur la galerie.

La veille de l'anniversaire de la mort de Ramanlal, Jivima et Heeraben passent nous voir dans l'après-midi. Elles s'installent dans le hall avec Kaki et Ba.

– Une année est passée et, désormais, Leela n'a plus à garder le coin. Comme l'année a passé vite, constate Heeraben.

– Les minutes passent lentement, les heures plus rapidement, et les années filent tout simplement, confirme Jivima.

Elle a tort, le temps m'a paru long cette année. Chaque mois s'est écoulé goutte à goutte, comme une eau prise au piège sur laquelle plane l'ombre de la mort.

Kaki me regarde.

– Cette année a passé lentement pour certains et vite pour d'autres, mais ce qui est sûr, c'est qu'elle est maintenant terminée. Nous devons l'oublier et passer à autre chose. Dieu nous est témoin, nos yeux ont versé beaucoup de larmes, et nos cœurs plus encore. Pour l'amour de Leela, cessons donc de nous apitoyer sur les coups du sort.

Pendant un instant, elles se taisent toutes, comme si elles ne trouvaient rien d'autre à ajouter. Puis la conversation repart sur un autre sujet.

Le jour anniversaire de la mort de Ramanlal arrive, et puis passe.

Le lendemain matin, le ciel est d'une couleur éclatante, semblable aux briques du toit. Kaki chante ses *prabhatias*. Je prends un nouveau bâton d'acacia pour me laver les dents et sors dans l'arrière-cour. Lakha me salue.

– Ram, Ram.

– Ram, Ram, Lakha.

Je prends une profonde inspiration et je regarde autour de moi. Mon année de quarantaine est maintenant derrière moi et tout me semble différent, les nuages blancs cotonneux, la fourmilière près de la véranda, les fleurs du kesuda, et même Dahi et les buffles.

Tout en me préparant, je repense à ces douze mois. C'est comme si j'avais été bannie de ma propre vie, et j'ai pourtant appris à survivre. J'ai eu la chance d'avoir Jaya à mes côtés, puis Saviben, qui a été mon guide, et surtout Kanubhai qui n'a cessé de me donner du courage.

Quand je sors de mon bain, Ba me tend un nouveau chidri. Vieux ou neuf, un chidri reste un chidri, je ne le déplie même pas. L'ancien est usé et doux, ses couleurs ont un peu passé, et il sent l'odeur de notre maison ; le nouveau est raide, il a des couleurs trop criardes et sent les produits chimiques de l'usine.

Je me souviens soudain du chidri en soie que m'a rapporté Saviben. Je le sors du placard en bois et le drape autour de moi.

– Tu viens au Ramji Mandir ? me demande Ba.

Le temple se trouve juste en face de chez nous, mais je n'ai pas envie d'y aller.

Le soir, j'écris : « Aujourd'hui, mon année de deuil a pris fin, mais j'ai eu peur ne serait-ce que d'ouvrir le portail et de mettre un pied dehors. Je reste une veuve et, comme telle, je ne suis pas certaine d'avoir un jour le courage d'affronter le monde. »

Saviben passe le lendemain matin.

– J'ai parlé de la situation de Leela au directeur général de l'école, explique-t-elle à Ba. Il l'autorise à passer seule les épreuves de fin d'année, et j'aimerais que cela puisse se faire le plus vite possible.

– Mais sa quarantaine n'a pris fin qu'hier, lui rappelle Ba.

– Oui, oui, c'est pour cela que je suis venue.

– Elle ne va pas se précipiter dehors à peine son deuil terminé, elle a le temps...

– Est-elle prête pour ses examens ? l'interrompt Kaki.

J'ai tellement envie de les passer que j'en oublie ma peur du dehors.

– Oui, je suis prête.

Saviben se lève.

– Je t'attends mercredi prochain à dix heures à l'école.

Ça ne me laisse que deux semaines pour réviser.

J'ai dû m'endormir pendant que Ba me caressait le dos. C'est déjà le matin, j'entends les cloches des bêtes et la voix de Lakha qui les emmène au pâturage.

La journée débute sous un ciel parsemé de légers nuages floconneux qui petit à petit s'agglutinent, comme les femmes autour du puits qui papotent puis se dépêchent de rentrer une fois leurs cruches remplies. La brise n'est ni chaude ni froide, et se lève de temps à autre avec force.

Après mon bain, Kaki me tend une corbeille en argent.

– Leela, peux-tu aller me chercher des fleurs pour *puja* ?

Je n'ai pas fait cela depuis un an. Je jette un coup d'œil dans le jardin, je ne reconnais pas cet endroit que j'ai contemplé pendant douze mois par la fenêtre, et parfois dans mes rêves, mais où je ne suis retournée qu'une fois – le matin où Kanubhai est parti.

– Les fleurs de la cour de devant ?

– Un jour ou l'autre, il faudra bien que tu ailles dehors, et *shubhasya shikhrum*, le plus tôt sera le mieux.

Je sors pieds nus. Cet hiver, le froid a fait tomber toutes les feuilles du frangipanier, mais, en quelques mois, il en refait de nouvelles, épaisses et brillantes, et au bout de chaque rameau, des bourgeons se sont formés. Les rosiers sont couverts de fleurs de différentes teintes et j'en cueille plus que nécessaire. Les jasmins étoilés, blancs et odorants, sont eux aussi florissants.

Je résiste à l'envie de plonger mon nez dans le bouquet, comme je l'aurais fait si j'avais cueilli ces fleurs pour moi ; elles sont réservées au culte et je n'en ai pas le droit. Leur parfum m'enveloppe quand même.

L'hibiscus me paraît plus éclatant que dans mon souvenir, ou peut-être est-ce juste en comparaison du rouge terne de mon chidri. Je cueille toutes ses fleurs qui, de toute façon, ne durent qu'une journée.

Le jardin est si beau, je m'y attarderais bien plus longtemps, mais je ne veux pas faire attendre Kaki. Je rentre lui donner le bouquet et lui demande la permission de travailler dans le jardin.

– Va, profites-en mais assieds-toi à l'ombre du kesuda. Tu ne t'es pas exposée depuis longtemps, il faut que tu te réhabitues progressivement.

Ce n'est que lorsque je me retrouve assise sous l'arbre, sur un khatli, que je me rends compte à quel point cette cour et la canopée feuillue du kesuda m'ont manqué. J'observe les allées et venues des pigeons et des moineaux pour nourrir leurs petits. Je ramasse une feuille de kesuda rouge orangé que je pose juste devant moi, puis j'ouvre mon livre et me mets à travailler.

Je m'apprête à rentrer quand j'entends des voix venant de la rue. Je jette un regard furtif dehors en restant cachée derrière le portail : une foule se rassemble devant le temple. Le son à peine audible de la musique se rapproche. Un homme porte une grosse caisse sur laquelle est écrit « L'ORCHESTRE RAZAR ». Derrière lui, des gens en uniforme blanc jouent de la flûte, de la clarinette, et d'autres instruments. L'orchestre Razar vient de Surat et il est très connu : seuls les riches peuvent s'offrir les services d'un groupe de musique.

J'ouvre le portail et sors dans la rue, sans même m'en rendre compte. En face, quelqu'un crie :

– Eh, Leela, tu es folle ou quoi ? Rentre, rentre chez toi. Personne n'a envie de voir le visage d'une veuve juste avant de se marier.

C'est comme si on m'avait soudain clouée au sol.

– Dépêche-toi de rentrer avant que le fiancé ne te voie.

– Ce serait un mauvais présage, lance quelqu'un d'autre.

J'entends une respiration bruyante à côté de moi. Je lève la tête. C'est Gros Soma. Il se tourne vers eux, les yeux brûlants de colère.

– Un peu de pitié ! Un jour vous aussi en aurez besoin, leur crie-t-il.

– Chal, murmure-t-il ensuite en me raccompagnant derrière le portail.

Arrivée sur la galerie, je m'arrache à lui et je cours me réfugier dans le salon. Mes propres sanglots étouffent la musique de l'orchestre et les cris de la foule.

Kaki entre quelques minutes après et s'assoit à côté de moi.

– Gros Soma m'a raconté ce qui s'est passé.

Je lui prends la main et me mets à faire glisser ses bracelets sur son bras pour ne pas avoir à la regarder.

– Où est Gros Soma ? demandé-je.

– Il est parti.

Je cesse de jouer avec ses bracelets.

– Explique-moi comment je peux porter malheur alors que je ne suis qu'une simple jeune fille. Je m'appelle Leela et je n'ai aucun pouvoir, sinon j'aurais sûrement empêché le malheur de s'abattre sur moi.

– Je le sais, mais pour les gens, c'est différent. Tu leur rappelles ce qui pourrait leur arriver, à eux ou à leurs proches, et ce n'est agréable pour personne de penser à cela, surtout un jour de fête.

– Gros Soma lui aussi est veuf, pourquoi ne porte-t-il pas le mauvais œil ?

– C'est différent pour les hommes, ils peuvent se remarier et vivre heureux.

– Et pourquoi les femmes ne peuvent pas être de nouveau heureuses, elles aussi ?

Elle ne répond pas.

– Narmad dit que les femmes devraient avoir les mêmes droits que les hommes. J'ai lu un article dans lequel Gandhiji revendique l'égalité entre les femmes et les hommes. Alors pourquoi les gens sont-ils aussi injustes avec les veuves ?

– Je ne sais pas.

Je n'ai plus qu'à poser la question à Saviben, mais elle ne revient que demain. Je sors mon cahier et j'écris : « Cette matinée magnifique, semblable à une fleur de frangipanier, vient d'être piétinée. Être veuve, c'est vivre en quarantaine pour le restant de ses jours, et je ne peux pas l'accepter. »

VINGT

Depuis l'épisode du mariage, je préfère travailler à l'intérieur ou dans l'arrière-cour.

Cela fait un mois qu'on ne m'a pas coupé les cheveux et ils commencent à repousser. Bien que très courts, ils forment un voile noir sur mon crâne et j'ai l'impression que mon chidri flotte au-dessus de ma tête.

La veille de mes examens, Nathu vient une nouvelle fois me raser.

L'après-midi, je me remets à mes révisions. Une ombre passe sur mon livre, je lève la tête et me retrouve face au visage souriant de mon frère.

– Kanubhai ! soufflé-je. Comment se fait-il que je ne t'aie pas entendu arriver ?

– Tu étais absorbée dans tes révisions.

Je referme mon livre, je suis trop excitée pour travailler.

Après un dîner composé d'aubergines grillées, de yaourt et de riz, nous nous installons dans le salon.

– Tu es fin prête pour tes examens ? me demande Kanubhai.

– Oui.

Je voudrais pouvoir lui dire que je suis aussi fin prête à partir avec lui, mais je n'ai encore rien demandé à Bapuji. Je n'ai pas envie de m'embêter avec ça pour l'instant, je dois me concentrer sur mes examens, il sera toujours temps de lui en parler après. Je dois prendre la vie comme elle vient.

– Bien. Je t'accompagnerai, à moins que Bapuji ne veuille le faire.

Nous regardons tous les deux Bapuji, assis là, les lèvres serrées.

– Je t'en prie, dit-il finalement, en fixant le mur, le corps raide, l'œil maussade.

Il ne nous jette pas un regard. Le simple fait de prononcer ces quelques mots semble lui avoir demandé tellement d'effort. Je pensais que mon père et mon frère avaient surmonté leur différend depuis la dernière visite de Kanubhai, quand nous avions dégusté les cacahuètes grillées. Il n'en est rien, ils se sont simplement réfugiés dans le silence. La tension entre eux se reflète sur nos visages à tous.

– Tu vas rester jusqu'à la fin des examens de Leela ? demande Kaki à Kanubhai.

– Oui, c'est pour ça que je suis revenu.

Rien que pour moi ! Et c'est la cinquième fois en un an. Je tends la main vers lui.

– Je suis tellement heureuse que tu sois là !

Le premier jour des épreuves est arrivé. Je prends un bain avant d'enfiler le chidri en soie que Saviben m'a donné. Kaki me conduit dans sa chambre. Une fois mes yeux habitués à l'obscurité, je vois qu'elle a sorti notre *maju* en bois de dessous le lit. Nous ne l'avons pas ouverte de l'année et elle est toute poussiéreuse. Elle l'essuie avec un torchon.

La maju contient toute la fortune de notre famille, des bijoux et des lingots d'or. Avec sa grosse serrure en cuivre de Khambhati, elle est inviolable. Kaki sort le porte-clés en argent qu'elle porte noué à la taille, sous son sari. Elle ouvre la maju et en sort une épingle à cheveux, de forme arrondie, elle est montée sur une grosse tige en or.

Je reste interdite.

– Observe-la bien, me dit-elle.

Le bout de la tige est aussi pointu qu'un clou. Je ne comprends toujours pas.

– Qu'est-ce que tu veux que j'en fasse ?

– Garde-la dans la poche de ton poulka – tout le temps. En cas de danger, n'hésite pas à t'en servir. Elle peut blesser ton éventuel agresseur mais, comme elle est en or, ça ne s'infectera pas si tu te griffes accidentellement avec.

– Pourquoi s'en prendrait-on à moi ?

Lisant la peur dans mes yeux, elle me serre dans ses bras pour me rassurer.

– Ne t'en fais pas, mais, comme on dit, *Chetato nar sada sukhi*, une personne avertie en vaut deux.

Bapuji fume en faisant les cent pas sous le kesuda. Kanubhai est là aussi, qui m'attend. Il porte un dhoti propre, blanc et une chemise.

Dehors, la chaleur est écrasante, je n'ai pas eu aussi chaud depuis longtemps. Il fait tellement plus frais à l'intérieur, entre le sol en terre et le toit en argile. Il souffle une brise sèche et chaude, pourtant, de l'autre côté de la rue, le drapeau safran du temple s'agite comme sous le vent frais de janvier.

– Que Ganesh retire tout obstacle de ton chemin, me dit Bapuji, avant d'ajouter: tiens-toi droite et regarde devant toi.

Kanubhai et moi remontons les rues étroites et sinueuses, en évitant les chiens errants, les chèvres et les regards insistants des voisines curieuses, debout sur le pas de leur porte, le visage à moitié dissimulé sous leur sari.

Il y a là Heeraben, son fils sur la hanche, qui fait semblant de nettoyer les marches de son perron; la belle-fille de Jivima qui jette un œil à travers la fenêtre, un rouleau à pâtisserie à la main; Jivima, qui est assise sur une balancelle avec son éventail tout abîmé. Je me représente en détail leur visage. Les lèvres d'Heeraben qui recouvrent ses gencives saillantes, les joues tombantes de Jivima, le nez aplati de sa belle-fille, je vois tout cela aussi nettement qu'elles me voient descendre la rue.

Kanubhai regarde droit devant lui. Comment auraient réagi les passants s'il n'était pas là? Les garçons m'auraient sans doute taquinée et les filles auraient pris un air dégoûté avant de se détourner. Ou peut-être m'auraient-ils tout simplement ignorée comme j'avais moi-même l'habitude de le faire avec les veuves.

Pour rejoindre l'école, il faut traverser la grande place sur laquelle débouchent quatre rues, dont la nôtre. Dhiru, qui tient une petite boutique de thé, murmure quelque chose à ses clients; trois ou quatre d'entre eux se retournent pour mieux nous voir. Leurs regards sont plus cuisants qu'une piqûre de moustique. Jamnadas, le propriétaire de l'épicerie, interrompt sa pesée de riz, ses yeux rencontrent ceux de Kanubhai, puis les miens. Il nous sourit.

– *Beti shubhantu prashtan.* Bonne route, ma fille.

Kanubhai agite la main, et je joins les miennes en guise de salut.

Nous arrivons à l'école : Saviben nous attend devant le portail. Elle m'emmène dans son bureau où je vais passer mon épreuve.

Une fois que j'ai commencé à répondre aux questions, le monde disparaît, le temps s'efface.

« Telle la marée, qui monte et redescend, la vie a ses hauts et ses bas », « Après la pluie, l'arc-en-ciel annonce le retour du soleil » : ces paroles que j'ai si souvent entendues dans leur bouche Ba et Kaki ne les prononcent plus.

Au plus profond de moi pourtant, un espoir d'un rouge éclatant s'est levé, il me dit que la marée va remonter et que le soleil va de nouveau briller sur ma vie.

Kanubhai m'accompagne tous les jours à l'école. Après la dernière épreuve, sur le chemin du retour, il me dit :

– Leela, tu es plus forte que ce que je croyais.

– Je n'ai pas peur quand tu es avec moi.

– Je n'ai fait que marcher à tes côtés et ça ne sera pas toujours le cas. Reste sur tes gardes, fais bien attention et ne sors pas toute seule le soir : ta sécurité en dépend.

– D'accord.

Nous arrivons près du banian, et cela me rappelle l'an dernier. Sur le chemin de la foire, Ba m'avait grondée parce que j'observais les gens qui allaient au marché. Aujourd'hui, la simple idée de passer toute seule à côté d'eux me fait frémir.

– Je ne peux pas ignorer ce que les gens racontent, marmonné-je.

Il tend la main et prend la mienne.

– N'oublie jamais qui tu es.

– Leela ?

– Non, je veux parler du vrai toi. Tu es de l'or à l'état pur, et l'or ne change jamais de nature, quelle que soit la forme qu'on lui donne.

Je fais oui de la tête.

– Nous faisons tous partie du *satchitanand*, d'une conscience vraie, divine et pure. C'est ce que disent tous les textes sacrés. Aucune influence extérieure ne peut modifier ton être profond.

En l'écoutant parler, je réalise que je ne suis pas cette fille qu'on a obligée à rester confinée dans un coin, drapée dans un chidri, la tête rasée. La vraie Leela se cache au plus profond de moi.

Comme les *marjivas*, je dois plonger pour la découvrir.

Pendant mes révisions, je n'ai fait que survoler le journal et je me remets à le lire en détail tous les jours. Le projet de loi Rowlatt soulève de plus en plus de protestations. Les gens ont trouvé un slogan pour le résumer : « *No appeal, no vakeel, no daleel* : pas d'appel, pas d'avocat, pas de procès ». Avec d'autres leaders indiens, Gandhiji multiplie les rencontres avec les responsables britanniques. Il écrit même au vice-roi. Dans ses discours et dans la presse, il explique les raisons de son combat. Les Britanniques n'en tiennent pas compte et font passer le projet en force.

– Que va-t-il se passer maintenant ? demandé-je à Kanubhai, en lui montrant un article qui annonce une nouvelle manifestation.

Je m'assois sur son lit pendant qu'il prépare son sac.

– Gandhiji va déclarer une satyagraha. Il en a défini les règles et les gens sont impatients de le suivre.

– Les Engrej sont trop forts pour nous. La satyagraha de Kheda ne les a même pas ébranlés. C'est comme une mouche qui s'attaquerait à un buffle d'eau, ça ne sert à rien.

– Gandhiji veut que l'on s'unisse. Que se passerait-il si des centaines, voire des milliers de mouches s'en prenaient à un buffle ?

Je le regarde sans ciller.

– Cela le rendrait fou.

Pris dans notre conversation, nous n'avons pas remarqué l'arrivée de Masi.

– Kanubhai, je viens d'apprendre que tu étais en ville et je suis venue te voir, dit-elle.

– C'est gentil à toi, mais je suis sur le point de partir, répond-il.

– Tu n'as même pas un petit moment à consacrer à ta pauvre masi ?

Il lui fait un grand sourire.

– Quelques minutes peut-être.

– Maintenant que tu as terminé tes études et que le deuil de Leela est terminé, tu devrais penser à te marier, lance-t-elle, les mains sur les hanches.

Il fourre une chemise dans son sac.

– Pourquoi es-tu si pressée de me voir marié ?

– C'est ton devoir de perpétuer le nom de ta famille. Montre-moi un autre homme à Jamlee qui n'est pas encore marié à vingt-deux ans.

– Mais ne suis-je pas quelqu'un d'exceptionnel ?

– Bien sûr que si, mais je ne vois pas le rapport avec ton célibat.

– Je ne veux pas faire comme tous les habitants de Jamlee et devenir comme eux. Je ne suis pas un mouton qui suit aveuglément le troupeau mais un homme qui fait ses propres choix.

Il prend son sac.

– Quand je me déciderai à me marier, tu seras la première informée.

Masi arbore un large sourire.

– Tes paroles enjôleuses me font toujours fondre.

– Je le sais bien.

Il m'aide à descendre du lit.

– Je te tiens au courant dès que j'ai mes résultats, lui dis-je.

– Je reviendrai un peu avant, comme ça, nous pourrons fêter ensemble ta réussite.

Il regarde Masi, qui est toujours là.

– Tu te joindras à nous?

Sous le charme, elle acquiesce, mais sait-elle seulement à quoi?

J'aide Kaki à moudre le millet.

– Tu es sortie avec Kanubhai et tout s'est bien passé, alors demain, nous irons ensemble chercher de l'eau au puits.

Je jette un œil à mes cruches en cuivre, elles sont couvertes de poussière. Je ne les ai pas touchées de toute l'année, et encore moins nettoyées. Elles et moi sommes devenues des étrangères, telles des âmes séparées par plusieurs cycles de naissance et de mort. Qui a laissé là ces cruches qui m'ont appartenu dans une autre vie ? Cette vie où Ramanlal était encore là, où je portais du rouge, comme l'hibiscus, et du vert, comme le perroquet, où je me promenais dans la rue pieds nus, en faisant tinter les bracelets à mes chevilles ? Je me le demande.

J'essuie la poussière sur les cruches et les astique avec du tamarin et la cendre du fourneau. Après les avoir rincées, je les passe sur ma joue, elles sont fraîches et douces.

Nous mettons une demi-heure pour arriver au puits. J'attache ma cruche et la fais descendre doucement, puis je secoue la corde pour la faire basculer sur le côté et la remplir d'eau. Cela me prend du temps, mais Kaki attend patiemment. Quand la cruche est pleine, je la fais remonter en tirant sur mes bras. Kaki m'aide à la caler sur l'*indhoni* posé sur ma tête.

Juste avant de devenir veuve, j'avais fait beaucoup de progrès et j'arrivais à maintenir la cruche pleine en équilibre, mais cela fait si longtemps que je ne me suis pas entraînée qu'elle me paraît de nouveau lourde et bancale. Le soir, j'ai l'impression d'avoir les bras remplis d'eau, je n'arrive pas à les lever plus haut que mes épaules et Ba doit me les masser avec de l'huile. Je continue quand même à aller chercher de l'eau tous les jours, pour que mes bras s'habituent. Au bout d'une semaine, je manipule la corde sans effort et j'arrive sans problème à maintenir la cruche en équilibre sur ma tête.

Quand mes bras ne me font plus mal, j'essaie de piler le millet et le blé toute seule. J'ai l'impression que, sans l'aide de Kaki, je n'arriverai jamais à faire tourner la pierre aussi lourde qu'un éléphant. Au début, je ne réussis à moudre qu'une poignée de céréales, puis j'en rajoute un petit peu plus chaque jour. Je sens que mes bras se fortifient, que mes muscles s'épaississent.

Depuis le départ de Shani, c'est moi qui balaie et nettoie le sol, et, à force de m'agenouiller, mes jambes aussi se sont musclées, sans pour autant égaler mes mains. Les femmes qui, comme Shani, portent de lourds bracelets aux bras et aux chevilles sont encore plus fortes que moi.

Ba se rend un jour chez Gros Soma parce que Pushpa est malade.

– Je ne suis pas médecin, dit-elle en rentrant, mais Pushpa a les joues rouges comme des pastèques, et le blanc de l'œil aussi sec qu'une écorce. Ces signes ne trompent pas, la maladie a pris possession de son corps. En plus, c'est la quatorzième nuit après l'éclipse de lune, une date maudite pour les malades et les vieux.

– Qui sait, elle se sentira peut-être mieux demain. Nous ne sommes que des pions dans le jeu du kismet et du karma, commente Kaki, en attrapant ses perles de prière.

Je sais que c'est pour Pushpa.

Tard ce soir-là, Gros Soma revient, une lanterne à la main, et demande à Ba et à Kaki de le suivre. Il a les yeux gonflés et irisés de rouge. Je me souviens du jour où il a enveloppé le penda dans son mouchoir pour le rapporter à Pushpa, au lieu de le manger. Il est vraiment très amoureux d'elle. Je me demande si Ramanlal m'a aimée, bien que nous n'ayons jamais vécu ensemble.

L'état de Pushpa se dégrade pendant la nuit, et elle meurt le lendemain.

Le jour même où j'apprends dans le journal que le projet Rowlatt a été adopté.

Saviben passe dans l'après-midi. Ba lui propose du thé, qu'elle refuse poliment.

– Je viens dire au revoir à Leela. J'ai démissionné de mon poste et je pars travailler avec Gandhiji à Ahmedabad.

– Je ne vous verrai plus, alors ? lui demandé-je, le cœur serré.

– J'espère bien que tu viendras me rendre visite. Et puis, je serai de retour pour tes résultats.

En partant, le palav de son sari blanc se coince dans le portail et elle tire doucement dessus. Ce geste me rappelle le jour de notre première leçon, quand j'avais posé son palav sur mes genoux.

Dans mon cahier, je note : « Où qu'elle aille, Saviben sera toujours avec moi. »

Depuis l'adoption du projet Rowlatt, de nombreux leaders indiens ont écrit des articles pour le dénoncer.

« Le projet de loi Rowlatt m'a profondément heurté. Je déciderai très bientôt de la conduite à tenir. Je ne peux plus obéir à un pouvoir capable d'une législation aussi démoniaque. La satyagraha me guidera et j'invite tout le monde à me suivre », a déclaré Gandhiji.

De nombreux rassemblements et manifestations ont lieu à Delhi, Amritsar, Bombay, Madras et dans d'autres villes. Gandhiji vivant à Ahmedabad, la ville est souvent citée dans les journaux. Le pays attend de lui qu'il montre la voie, et, malgré sa santé fragile, il parcourt le pays de long en large pour pousser les gens à organiser une protestation nationale.

Il décrète que le 6 avril sera une journée d'humilité et de prières et encourage les gens à faire l'*hartal* et à manifester pacifiquement contre le projet de loi Rowlatt. C'est dans deux semaines seulement.

Sommes-nous prêts ?

VINGT ET UN

Heeraben entre d'un pas décidé, son sari froufroutant dans son sillage comme s'il était pressé de révéler un secret.

– On raconte que le mariage de Gros Soma se prépare, annonce-t-elle à Ba et à Kaki.

– Gros Soma, le fils de mon cousin ? demande Ba.

– Oui, tu en connais d'autre ? répond-elle en prenant une pincée de tabac dans la boîte de Kaki. Dix-neuf ans à peine et c'est son troisieme mariage. Pauvre garçon !

Gros Soma est sûrement à plaindre, mais que dire de sa femme Pushpa, alors ? N'est-ce pas malheureux de mourir si jeune ? Gros Soma semble anéanti, c'est vrai, mais au moins personne ne l'oblige à rester cloîtré, à se raser la tête et à porter des habits de veuf. Je me demande ce que cela lui fait d'entendre les gens parler de remariage deux semaines après la mort de Pushpa.

Ba, Kaki et moi sommes installées sur la galerie quand Gros Soma arrive le lendemain après-midi. Ba étale une natte sur le sol tandis que Kaki renifle longuement une pincée de tabac avant de lui demander comment il va.

– Je suis très occupé.

– À préparer ton remariage ? lui demande Ba.

Le visage de Gros Soma s'est assombri et j'ai envie de rentrer sous terre. Il secoue la tête, comme pour se débarrasser de sa tristesse.

– Cela fait quelques semaines qu'un groupe de *sadhus* séjourne dans le temple de Shiva et je leur ai offert mon aide.

Les yeux de Kaki se posent sur lui comme s'il venait de révéler un secret.

Gros Soma se tourne vers moi.

– Tu vas retourner à l'école ?

– J'en ai fini avec l'école ici, mais je veux continuer mes études, dis-je en regardant Ba et Kaki.

Son regard s'allume, il découvre un peu sa dent de travers.

– C'est une bonne chose. Que veux-tu faire comme études ?

– Je voudrais devenir prof…

Ba ne me laisse pas terminer.

– Tais-toi, Leela. Nous n'en avons pas discuté.

Pendant un moment, plus personne ne dit rien. Gros Soma n'a pas l'air décidé à partir et je lui propose du thé.

Pendant que je le prépare, Ba fait frire des tranches de kothimdas séchés, qu'elle saupoudre de sel et de poivre rouge et arrose de jus de citron vert. De la taille d'une roupie d'argent, elles sont fines comme du papier. Je manque m'étouffer en repensant à la dernière fois que j'en ai mangé. C'était chez Ramanlal. J'y touche à peine, Ba et Kaki n'en mangent qu'une demi-douzaine, et Gros Soma engloutit tout le reste, comme si c'était son dernier repas.

Repu, Gros Soma s'adosse au mur, les jambes croisées, il tapote la natte du bout des doigts en nous regardant tour à tour.

– Tu as envie de nous dire quelque chose ? finit par lui demander Kaki.

– Non, non. Il est temps pour moi de vous dire au revoir et de recevoir votre bénédiction.

Il se lève et salue Kaki.

– Je te souhaite de trouver la paix, lui dit-elle.

Quelle étrange bénédiction! D'habitude, les anciens disent plutôt: «Je te souhaite de vivre jusqu'à cent ans» ou «Je te souhaite bonheur et succès», mais jamais «Je te souhaite de trouver la paix». Cela n'arrive que beaucoup plus tard dans la vie, voire même quand la vie s'en est allée: c'est une bénédiction qu'on réserve à l'âme.

Il s'incline ensuite devant Ba.

– Tu n'as pas à te prosterner ainsi à chaque visite ·ce n'est pas comme si tu partais pour un long voyage.

– Une bénédiction peut toujours servir.

– Tu as raison. Je te souhaite d'avoir cinq fils en bonne santé.

Il sourit, mais je devine à son regard que c'est pour lui faire plaisir. Comme s'il ne prenait pas sa bénédiction au sérieux, qu'elle l'amusait plutôt.

– Ne laisse personne t'empêcher de faire des études. Chacun doit trouver sa propre voie, me chuchote-t-il quand je lui dis au revoir.

Le lendemain, la ville est en émoi: Gros Soma a disparu pendant la nuit. On n'a retrouvé que son janoi et ce mot: «J'ai renoncé au monde. Ne cherchez pas à me retrouver.»

Avec quelques autres membres de la famille, le père de Gros Soma se rend à la gare, où il apprend qu'un groupe de sadhus a pris le train pour Kashi, tôt le matin. Son bapuji et son oncle se lancent à leur poursuite.

Je me demande s'ils vont retrouver Gros Soma et réussir à le ramener.

Renoncer au monde implique pour lui de rompre tout lien avec son père, sa mère et le reste de sa famille. Il n'aura plus aucun bien, ne sera plus lié à la société par aucune *dharma*, il n'appartiendra plus à aucune caste, à aucune famille, à aucune communauté. La recherche du *moksha* sera désormais son unique but. En peu de temps, il a dû affronter la mort de sa première femme, puis celle de son ami et maintenant celle de Pushpa. Il a sans doute pris conscience que la vie n'était qu'une longue suite de souffrances et il a choisi d'emprunter la voie de Bouddha, pour enfin trouver la paix.

Le Gros Soma que j'ai connu n'existe plus.

Ce soir, sous le kesuda, les hommes s'installent sur les khatlis et les femmes sur la galerie.

– Gros Soma sera de retour chez lui dans un jour ou deux, déclare Masi. S'enfuir, c'est une chose, mais de là à devenir un sadhu. Son père aura tôt fait de le ramener à la raison.

– Et si personne ne le retrouve ? demandé-je.

– Un nom comme le sien ne passe pas inaperçu : son bapuji n'aura aucune peine à le repérer, me répond Heeraben.

– Mais il peut en changer. Gros Soma, c'était son nom ici-bas, répliqué-je.

Masi agite la main.

– Non, pas lui, il tenait trop à son nom.

– Je suis d'accord, ajoute Heeraben.

– S'il a tout abandonné pour devenir un sadhu, pourquoi conserverait-il son ancien nom ? Une fois qu'il en aura changé et qu'il aura revêtu la toge safran des sadhus, il se confondra avec les autres.

– Leela a peut-être raison, lâche Kaki. Avec l'hartal qui s'annonce, ce sera impossible de le retrouver, surtout s'il a déjà atteint Kashi et qu'il fait route vers l'Himalaya. Sa famille ne pourra sans doute pas le suivre.

– L'hartal sera un jour comme n'importe quel autre, tranche Masi.

Kaki lance un bref regard vers moi.

– N'en sois pas si sûre, dit-elle. L'unité et la fierté nationales sont en train de changer notre pays.

Cela fait taire Masi, mais pas Heeraben.

– À mon avis, quelques personnes vont obéir à Gandhiji et refuser d'aller travailler, mais ce sera surtout le cas à Ahmedabad, cela n'affectera pas le reste du pays. Qui voudrait fâcher les Engrej ?

– C'est pourtant ça l'idée, expliqué-je. Dans les grandes villes, personne n'ira travailler, obligeant les usines, les universités, les bureaux à fermer à cause de l'hartal.

– Les citadins peuvent bien faire grève, il ne se passera rien à Jamlee, conclut Heeraben en se levant.

– Rien du tout, confirme Masi en écho.

Elles se trompent toutes les deux. Le 6 avril, Bapuji et Kaka restent à la maison et, en fin de matinée, de nombreux hommes se retrouvent sous notre kesuda.

– Toute cette agitation m'angoisse, me dit Ba en regardant dehors.

– Pourquoi ?

– On ne peut pas maîtriser une foule. Si le sarkar arrête Gandhiji, les choses vont mal tourner à Ahmedabad.

– Que pourrait-il se passer ?

– Plein de choses, répond-elle en désignant les hommes rassemblés dans la cour. En ville, la foule sera cent fois plus importante, et si des affrontements avec la police éclatent, il y aura vite des blessés et des tués.

Je résiste à l'envie de sortir dans la cour écouter ce qu'ils racontent, je ne veux pas que Ba sache à quel point tout cela m'intéresse.

Au milieu de toute cette agitation, nous recevons une bonne nouvelle. Dans une lettre de trois lignes, Shani m'annonce qu'elle a eu une petite fille et qu'elles se portent bien toutes les deux. Lakha est déjà auprès d'elles et j'espère qu'ils reviendront tous les trois bientôt.

J'apprends dans le journal que Gandhiji s'est adressé à la foule le jour de l'hartal, sur la plage de Chowpatty à Bombay. Il y avait là beaucoup d'hommes et de femmes, et même quelques enfants et tous ces gens rassemblés formaient comme une immense vague. Gandhiji a dénoncé la loi Rowlatt comme étant une *Kalo Kaydo*, une loi noire.

J'aurais tant aimé y être.

D'un bout à l'autre du pays, villes et villages ont observé une grève totale, les gens ont envahi les rues comme pour la célébration d'une fête religieuse, c'était spectaculaire.

Le lendemain soir, Gandhiji et ses bénévoles vendent deux de ses livres dans les rues de Bombay : *Hind Swaraj*, L'Autonomie de l'Inde, et *Sarvodaya*, une adaptation en gujarati de l'ouvrage de critique sociale de John Ruskin *Unto This Last*. C'est un acte de désobéissance civile car ces deux ouvrages ont été interdits par le gouvernement, et les gens savent qu'ils seront arrêtés et emprisonnés s'ils les achètent.

Certains versent jusqu'à quatre, dix, voire vingt fois le prix ; l'argent ainsi collecté servira à financer d'autres manifestations de désobéissance civile.

Cette nuit-là, je passe d'un rêve à l'autre. Je chevauche une vague, je vois la foule qui recouvre chaque centimètre carré de plage, les policiers à cheval. La voix de Gandhiji, que je n'ai jamais entendue, résonne tout autour de moi.

Plus tard dans la semaine, alors que les choses semblent se calmer, Bapuji et Kaka reviennent tard de la ferme, la mine sombre. Bapuji enlève son turban pour s'essuyer le front.

– Gandhiji nous enseigne la non-violence, et que font les gens quand ils apprennent qu'il a été arrêté ? Ils deviennent violents.

– Gandhiji est en prison ? soufflé-je

– Non, ils l'ont relâché. Mais il y a eu des émeutes.

– Où ça ? À Ahmedabad ? À Bombay ? À Delhi ?

– Nous nous sommes arrêtés pour acheter des bidis et Jamnadas nous a dit qu'à Ahmedabad les gens sont devenus fous.

– Comment le sait-il ? demande Ba en lui tendant un verre d'eau.

Bapuji finit de boire avant de lui répondre.

– Il en revient tout juste et des rumeurs font état d'autres émeutes. Ici même, à Jamlee, les deux hommes qui nous avaient pris nos bêtes ont été battus.

– Ils étaient horribles, dis-je en repensant aux coups que Dahi a reçus. Mani est morte à cause d'eux.

– Peu importe, la non-violence implique le contrôle de soi.

Bapuji a raison.

Je comptais sur Kanubhai pour convaincre Bapuji de me laisser partir, mais il ne pourra sans doute pas faire le trajet d'Ahmedabad jusqu'ici au milieu de tous ces troubles.

Il faudra que je m'en charge moi-même, mais ça ne me semble pas le bon moment.

La vague d'incertitude et de changement qui balaie tout le pays risque de briser mon rêve.

VINGT-DEUX

J'ouvre le journal, le cœur battant. Ba avait raison, Gandhiji lui-même n'a pas pu maîtriser la colère de la foule et ses conséquences. Il se trouvait à Bombay quand un groupe a mis le feu aux bureaux du télégraphe et du percepteur. Il en a pleuré quand il l'a appris, puis il s'est rendu sur-le-champ à l'ashram et a réussi miraculeusement à restaurer le calme.

Kaki est partie chez son frère pour une semaine et il n'y a donc que Kaka, Bapuji et moi à la maison. Un après-midi, je m'installe avec Ba sur des nattes en coton pour siroter du petit-lait sucré. Le matin même, elle a lavé ses cheveux avec de l'aritha, ils sentent bon le fruit frais et tombent en cascade dans son dos, balayant le tapis. C'est le moment idéal pour lui parler.

– J'aurai bientôt mes résultats.

– Tu seras reçue.

– Ça, je le sais. Je veux devenir enseignante ou médecin.

Son regard s'attarde longuement sur moi.

Je me redresse.

– N'est-ce pas notre dharma d'apprendre et de transmettre notre savoir? Arundhati, la femme du grand sage Vashista, et Lopamudra, celle d'Agasya, étaient des femmes éduquées, elles enseignaient la philosophie et débattaient avec d'autres érudits, hommes et femmes.

– Mais toi, tu es veuve.

– Gandhiji pense que les veuves devraient pouvoir aller à l'école et Narmad ne disait pas autre chose il y a cinquante ans. C'est aux familles de montrer l'exemple, à présent. Ba, je veux continuer l'école, et pour ça, j'ai besoin de toi.

Elle boit une longue gorgée de petit-lait, qui laisse une trace sur sa lèvre supérieure.

Je lui prends la main.

– Je peux compter sur ta bénédiction?

– Je ne peux pas te laisser partir seule comme ça.

Je me suis rapprochée d'elle et je laisse courir mes doigts le long de ses cheveux humides et brillants.

– Je ne serai pas seule. Il y a des pensionnats pour les étudiants, je pourrai même aller dans celui que Gandhiji projette d'ouvrir dans son ashram. Et puis, il y a Saviben et Kanubhai.

Ba prend une profonde inspiration.

– Et ton bapuji?

Mon cœur se serre.

– Je ne sais pas.

– Nous devons réfléchir à la façon de lui en parler, propose-t-elle tandis que nous finissons tranquillement de boire notre petit-lait.

Je me demande quel besoin a Ba de toujours tout raconter à Masi. Le lendemain de notre conversation, je la vois traverser la galerie d'un pas pressé. Elle me jette un coup d'œil rapide avant de filer vers la cuisine. Je la suis.

– Tout le village parle de Leela et de son départ pour Ahmedabad.

– Comment l'ont-ils appris ? demandé-je.

Ba s'arrête d'éplucher les carottes.

– Oui, comment ?

– Eh bien, j'en ai parlé à Heeraben, et à côté de nous, il y avait la belle-fille de Jivima, et aussi quelques autres femmes…

– Autant dire que la moitié de la ville est au courant, dis-je en gloussant.

Masi prend une carotte et en croque un morceau.

– Peu importe ce que les gens racontent, nous devons faire ce qui est juste, déclare Ba. De nos jours, tout se fait par écrit. Pour acheter ou vendre des maisons ou des terrains, il faut signer des papiers. Et ne t'en déplaise, les gens ne se contentent pas d'y apposer l'empreinte de leur pouce, ils les signent bel et bien. Et même, ils comprennent ce qui est écrit, ce ne sont pas des analphabètes qui confondent les caractères imprimés avec des fourmis noires. Leela vit dans ce monde et c'est de son avenir qu'il s'agit.

– Je ne te reconnais pas dans ces paroles, dit Masi à Ba. Tu es influencée par les idées de Kanubhai et de Leela. Autrefois, les enfants obéissaient à leurs parents et faisaient ce qu'on leur disait. Toi, on dirait que ce sont tes enfants qui te disent ce que tu dois faire. Les femmes ont-elles jamais eu besoin de faire des études ? À quoi peut bien nous servir de savoir déchiffrer des caractères ? Et s'il le faut, Leela peut très bien apprendre tout cela ici même, chez elle, avec son bapuji et son kaka.

Elle mord à nouveau dans sa carotte.

– Leela doit faire des études.

Je n'en reviens pas d'entendre Ba parler ainsi, cela doit faire des mois qu'elle y pense.

– Si tu la laisses partir, tu le regretteras, assure Masi.

– Leela doit faire des études, répète Ba d'une voix lasse et ramollie, comme si elle avait retourné cette idée dans sa tête des milliers de fois.

– Si tel est ton mantra, concède Masi, je n'ai plus rien à ajouter.

Elle prend encore une carotte et s'en va sans dire au revoir.

En rentrant, Bapuji et Kaka prennent un bain rapide, puis Bapuji s'installe pour méditer. Je l'entends réciter le mantra Gayatri, comme il le fait matin et soir.

Om. Ô magnifique splendeur du *Savitur*

Lumière suprême !

Sous ton rayonnement divin, permets-moi de méditer.

Qu'il m'inspire et me permette de mieux comprendre le monde.

Moi, je prie surtout pour qu'on se comprenne mieux, lui et moi.

– Leela, le soleil va bientôt se coucher, me dit Ba alors que je suis sur le point de m'endormir. Il faut manger et nettoyer la cuisine avant qu'il fasse nuit.

– *Aavee*, j'arrive.

J'installe quatre *patlas*, Ba remplit nos trois assiettes et se sert en dernier. Bapuji prend le pichet en cuivre et nous verse du lait.

Je me demande soudain comment il réagira si la rumeur de mon départ parvient jusqu'à ses oreilles. Il sera sans doute très en colère après Ba et moi.

Je dois absolument lui parler avant, même si j'appréhende sa réponse. S'il refuse de me laisser partir, il ne me restera plus d'espoir. Peut-être vaut-il mieux ne rien dire et continuer à rêver.

– Qu'est-ce que tu as, Leela ? Ta ba t'a fait ton plat préféré et tu manges comme un moineau. Tu n'as pas faim ? me demande Bapuji.

– Si, si, je mange.

Ma voix est aussi pâteuse que du lait de buffle et j'ai le cœur au bord des lèvres. Les yeux fixés sur mon assiette, je coupe un morceau de pain aux céréales pour saucer mes épinards au curry. Je le fourre dans ma bouche sans réussir à l'avaler, il reste bloqué au fond de mon gosier. Je bois une grande gorgée de lait pour tout faire descendre.

– Ça ira mieux quand sa Kaki reviendra, avance Ba.

Kaka pose sa main calleuse sur mon épaule.

– Qui mange avec goût son estomac réjouit, qui se force le met à l'agonie.

Après le dîner, Kaka et Bapuji sortent dans la cour fumer des bidis tandis que j'aide Ba à nettoyer la cuisine. Quelques hommes les rejoignent sous le kesuda, et je prie pour qu'aucun d'eux ne parle de moi. Je n'arrive pas à me calmer. Si seulement Kaki était là ! J'aurais moins peur d'affronter Bapuji en la sachant à mes côtés.

Si j'attends trop, Masi risque de bourrer le crâne de Ba avec ses histoires de veuve, comme celle de Kaveri.

Plongée dans mes pensées, je renverse par mégarde les cendres du fourneau, un nuage noir se forme aussitôt. Les yeux me piquent et je me mets à tousser.

– Va-t'en, m'intime Ba. Je vais terminer.

Je sors de la cuisine et me plante dans l'embrasure de la porte d'entrée, les derniers rayons de soleil se mêlent à la poussière que les bêtes soulèvent en martelant le sol avec leurs sabots. J'écoute la symphonie des cloches, des tambours et des cymbales du temple qui résonnent dans toute la ville pour l'aarti du soir. La prière qui monte du Ramji Mandir emplit l'air.

Le soir qui tombe rafraîchit la terre, mais moi, tout mon être bouillonne.

Il fait déjà nuit et Ba allume une lampe.

– *Jai Shri Krishna*, dit-elle.

– *Jai Shri Krishna*, lui répliqué-je en écho.

Kaka est parti se coucher et nous nous installons dans le chauk. Je m'allonge sur le sol en pierre et pose la tête sur les genoux de Ba, qui me caresse doucement. La nuit est claire, je regarde le ciel délaisser ses habits bleus pour revêtir un magnifique sari parsemé d'étoiles. Je pourrais rendre ma vie aussi belle, si seulement j'avais le courage de parler à Bapuji.

Je m'assoupis tandis qu'ils discutent du choix des semences. Quand je me réveille, les sept étoiles de Saptarshi ont bougé dans le ciel.

– À quoi ça sert que Leela aille à l'école? demande Bapuji.

Je reste allongée, immobile, tapie comme un tigre aux aguets.

– Leela veut continuer ses études, c'est notre dharma de l'aider à atteindre son but, explique Ba.

– Je refuse de l'envoyer si loin.

– Jamlee n'a rien à lui offrir, Kanubhai peut l'emmener à Ahmedabad, où il y a des pensionnats. Elle sera encadrée.

– Oui, mais nous ne serons pas avec elle.

– Nous ne serons pas toujours là et elle doit apprendre à s'occuper d'elle-même. C'est une fille intelligente, elle saura s'inventer une nouvelle vie. Je ne peux plus la regarder souffrir comme ça.

– Un an a passé, et elle peut aller dehors désormais.

– Tu connais Leela…

Il la coupe.

– Elle ne sait pas ce qui est bon pour elle. Le sujet est définitivement clos.

Ba pousse un soupir, je sens la chaleur de son souffle sur mes oreilles.

Bapuji ne veut plus en entendre parler et Ba respectera sa décision.

Je dois intervenir. Et vite.

VINGT-TROIS

Le lendemain matin, je me réveille tôt et je n'arrive pas à me rendormir. Il faut que je parle à Bapuji, après, je n'en aurai plus le courage.

Dès qu'il a fini de prendre son bain, je lui demande, ainsi qu'à Kaka et à Ba, de venir s'asseoir dans le salon. Je reste debout, face à eux.

– Je connaîtrai bientôt mes résultats, je suis certaine d'obtenir de bonnes notes. Je veux devenir professeur ou médecin, mais ce ne sera pas possible si je reste à Jamlee. Je vous demande donc la permission d'aller faire mes études à Ahmedabad.

– Ô Rama, lâche Kaka en secouant la tête, comme si rien de bon ne pouvait sortir de cette discussion.

Je ne m'attendais pas à cette réaction de sa part.

– J'ai dit quelque chose de mal ?

– Mais non, répond-il.

Je regarde Bapuji, son large front brille dans la lumière matinale et lui donne l'air d'un sage.

– Tu as tout à fait le droit de nous demander cela, et nous avons le droit de dire non, prévient Bapuji.

– Écoute-moi, s'il te plaît, commencé-je. Je n'aurais jamais eu l'idée de faire des études avant, mais cette année m'a beaucoup appris. Je veux faire quelque chose de ma vie. Être veuve, c'est bien pire que tout ce que j'aurais pu imaginer et je refuse que ce soit mon seul horizon.

– C'est ton kismet, réplique Bapuji.

– Peut-être, mais cela ne veut pas dire que je dois souffrir le restant de mes jours : je ne suis pas responsable de la mort de Ramanlal. Si vous me laissez partir à Ahmedabad, je travaillerai dur et vous serez fiers de moi. Je serai utile aux autres, comme Saviben, ma vie ne sera pas gâchée.

J'ai dit tout cela d'une traite et je dois m'arrêter pour reprendre mon souffle. Bapuji ne me laisse pas l'occasion de poursuivre.

– Je me suis suffisamment disputé avec ton frère à ce sujet, je n'ai pas envie de recommencer avec toi.

Ba l'écoute sans piper mot.

Voilà, tout est dit. Je vais passer le restant de mes jours à Jamlee, où je ne serai, aux yeux de tous, qu'une enfant veuve, un porte-malheur, exclue de toutes les réjouissances, recluse dans un coin le reste de ma vie. Je ne peux pas laisser cette discussion se terminer avant même qu'elle ait commencé. Je réalise que je tremble quand Kaka me désigne la place à côté de lui.

– Viens t'asseoir près de moi.

Il me presse légèrement l'épaule et hoche doucement la tête.

– Continue, murmure-t-il.

Je regrette de ne pas avoir assez préparé mon intervention, j'ai les mains moites et la gorge sèche. Mais c'est maintenant ou jamais. J'avale ma salive, rassemble mon courage.

– Bapuji, quand tu as rejoint la satyagraha de Kheda, tu as juré que tu ne paierais pas tes impôts, même si tu devais être arrêté et emprisonné.

– En effet.

– C'est parce que cette cause te semblait juste, n'est-ce pas ?

– Oui.

– Tu as aussi participé à l'hartal et je pense qu'il t'a fallu du courage pour t'opposer ainsi au sarkar.

Je prends une profonde inspiration avant de continuer.

– Si tu as enfreint la loi, c'est parce que tu étais d'accord avec Gandhiji et ses principes.

– Va droit au but, m'intime Bapuji. Qu'est-ce que tout cela a à voir avec toi ?

– Tu lis régulièrement le journal et tu sais donc que Gandhiji veut ouvrir une école mixte, qu'il croit à l'égalité entre les hommes et les femmes.

– Je ne suis pas d'accord avec lui sur ce point. Je suis prêt à le suivre quand il combat le sarkar, pas quand il remet en cause nos traditions : cela n'a rien à voir.

Difficile de dire à Bapuji qu'il a tort sans avoir l'air de lui manquer de respect. Je baisse la voix.

– Si, c'est la même chose. Dans les deux cas, il s'agit de poursuivre la vérité, que ce soit en luttant contre un gouvernement étranger ou contre notre propre société. Et cela demande du courage parce qu'il est plus facile de se plier aux coutumes que de les remettre en question. Bapuji, nous devons nous engager à lutter contre tout ce qui est injuste et cruel, y compris contre les traditions et les préjugés. Nos textes sacrés, les *Vedas*, ne disent-ils pas que la vérité est une et absolue ? Comment pourrait-on la fragmenter ? Comment peut-on combattre la cruauté et l'injustice dans certains cas et pas dans d'autres ? Je n'ai rien fait de mal et on m'a punie. Gros Soma aussi est veuf mais lui n'a pas été puni. N'ai-je pas le droit de mener une satyagraha contre cette injustice ?

Il se tait : est-il trop en colère pour me répondre ou mes paroles l'ont-elles touché au cœur ?

– Je n'ai pas à te dire ce que tu dois faire, intervient Kaka. C'est à toi de sonder ton cœur et de prendre ta décision en conséquence, mais c'est l'esprit même des *Vedas* qui parle par sa bouche.

– C'est vrai, approuve Bapuji.

Je me demande ce qui se passe dans sa tête.

– Leela, dit-il en se levant, Kanubhai s'est donné beaucoup de mal mais il n'a pas réussi à me convaincre. Tu viens de me faire comprendre qu'il ne s'agit pas seulement de toi, mais de quelque chose de plus important, qui nous dépasse.

Puis il se tourne vers Kaka avant d'ajouter :

– Si elle a ta bénédiction, je la laisserai partir à Ahmedabad.

– Je te souhaite de devenir plus savante qu'Arundhati, me dit Kaka en m'enlaçant.

Ba essuie ses larmes et Bapuji pose la main sur ma tête.

VINGT-QUATRE

La chaleur de l'été a sucé les dernières gouttes d'eau du sol, l'air semble immobile et lourd, comme abandonné. Mais les manguiers luxuriants sont chargés de fruits.

Ce matin, pendant que Ba prend son bain, je nourris d'abord Dahi et les bœufs, puis je vais chercher de l'eau au puits. Je voudrais avoir terminé toutes mes tâches avant le retour de Kaki, que l'on puisse avoir du temps pour discuter. Je traverse le marché de *Chokdi*, au carrefour des quatre routes, et accélère le pas. Je suis partie plus tard que d'habitude et je ne rencontre personne sur le chemin.

J'ai presque dépassé une cabane abandonnée quand j'entends des bruits. Tout à coup, le mur se met à bouger, une main m'agrippe et me tire brutalement derrière la cabane, tandis qu'une autre me couvre la bouche. Ma cruche tombe, je trébuche. Les mains puissantes me poussent dans un coin, et me plaquent contre la paroi.

Il porte un foulard noué autour de la tête et un autre lui cache la bouche, je ne distingue que ses yeux et son nez. D'une main, il me croise les bras dans le dos et, de l'autre, il se met à tirer sur mon chidri. Je l'ai drapé bien serré et, pendant qu'il se débat avec, j'arrive à dégager un bras. Je plonge la main dans la poche de mon poulka, j'attrape le *khilli* que m'a donné Kaki. De toutes mes forces, je lui lacère le bras, le bout pointu s'enfonçant profondément dans sa peau. Il se met à saigner et, stupéfait, recule d'un pas.

– Raand, jure-t-il avant de se jeter sur moi pour tenter de m'arracher le khilli des mains.

Je fais mine de viser ses yeux, il recule et je lui griffe l'autre main, le faisant de nouveau saigner. Il s'enfuit. Je reste là, tremblante comme une feuille sous l'orage.

Je retourne à la maison avec ma cruche vide.

Les paroles de Masi, à propos des hommes qui abusent des femmes, me reviennent brutalement en mémoire. Elle m'avait énervée, mais je comprends à présent qu'elle disait vrai, qu'elle voulait me protéger, pour que je ne connaisse pas le même sort que Kaveri, coupée de sa famille, de ses amis, de sa ville natale.

Mon agression ravive en moi le souvenir du kalotar. La différence, c'est que personne ne peut me débarrasser de ce serpent à visage humain.

Quand j'arrive, Kaki est déjà rentrée. Les joues ruisselantes de larmes, je raconte ce qui vient de se passer.

– Dieu était avec toi, dit Ba en levant les yeux vers le ciel.

– Oui, mais c'est son courage qui l'a sauvée, ajoute Kaki.

– Je n'aurais pas pu me défendre face à un homme plus grand et plus costaud.

Toute mon assurance s'est évanouie. Le soir, couchée sur mon lit, cramponnée à mon oreiller, j'ai du mal à croire que je suis la même fille qui, hier, a convaincu Bapuji de la laisser partir à Ahmedabad. Suis-je vraiment prête à affronter le monde extérieur ?

Le jour où Nathu vient me couper les cheveux, je l'entends dire à Bapuji :

– La mousson sera en avance, on dirait. Tu vas devoir commencer à labourer et à semer d'ici quelques semaines.

– Oui, et j'aurai besoin d'aide. À l'occasion, peux-tu en toucher deux mots à Batuk, le tailleur, à son frère et au tien ?

– Je le ferai mais, à mon avis, Batuk ne pourra pas venir.

– Pourquoi ? Il a beaucoup de travail ?

– Non, non, ce n'est pas le travail. Il s'est blessé, Dieu sait comment, et s'est sérieusement entaillé les deux bras.

C'est comme si un serpent venait soudain de se faufiler dans mon dos.

– Leela, ne bouge pas comme ça, je risque de te faire mal, me prévient Nathu.

Je viens de démasquer mon agresseur.

Je suis passée devant sa boutique en allant chercher de l'eau, ce matin-là. Voyant que j'étais seule, il en a profité. Une sensation cuisante de colère et de peur m'envahit rien que d'y repenser. Je me jure de rester toujours sur mes gardes à l'avenir. Ma vie en dépend.

Cette nuit-là, je n'arrive pas à trouver le sommeil et je me relève deux fois pour boire de l'eau.

– Qu'est-ce qu'il y a ? me demande Kaki.

– Je sais qui m'a agressée.

– Qui est-ce ?

– Batuk, murmuré-je.

– Je m'en doutais, souffle-t-elle.

– Pourquoi ? Il a déjà essayé de violer d'autres filles ?

– Tout le monde ici connaît sa réputation, même si personne ne l'a jamais accusé publiquement.

– Pourquoi ?

– Parce qu'ils ont peur que cela nuise davantage à la victime qu'à Batuk.

– Ça n'a pas de sens.

Kaki secoue la tête.

– Malheureusement, c'est ainsi. Tu pars dans quelques jours et tu as besoin de te reposer, va te coucher maintenant. Ça ira mieux demain.

J'ai beau fermer les yeux, le monde continue de frapper à la porte.

Il y a quelque chose de terriblement injuste dans ce que vient de dire Kaki, qui me fait trembler de rage. Je ne comprends pas que les habitants de Jamlee ne réagissent pas, qu'ils n'essaient même pas de protéger leurs sœurs et leurs filles contre les agissements de Batuk. Au lieu d'exprimer leur colère, ils se taisent. De ces gens qui n'ont pas le courage de s'élever contre l'injustice, on dit chez nous qu'« ils se cachent les yeux avec leurs oreilles ». Ils font comme si de rien n'était, peu importe la souffrance des victimes. Par son silence, la population de Jamlee se rend complice de Batuk et des autres hommes de son espèce. J'enfouis mon visage dans l'oreiller pour pleurer.

VINGT-CINQ

En hiver, j'adore me rendormir quelques minutes, ma *rajai* en soie remontée jusqu'au menton ; alors que, l'été, j'envoie promener mes fines couvertures dès que j'ouvre l'œil. Pourtant, ce matin, je traîne longtemps dans mon lit. Ma joie de vivre a disparu, l'idée d'aller étudier à Ahmedabad ne me fait plus rêver, elle me terrorise. Je me demande ce que je dois faire.

Il n'y a pas trente-six solutions, je ne peux pas me laisser abattre par la peur et la colère. Je dois calmer l'une et ravaler l'autre.

Je ne cesse de me répéter une phrase de Narmad que j'ai lue dans un de ses poèmes : « *Ya hom karine pado, fatch che agay*. Le succès est à portée de main pour qui ose sauter. »

Mon humeur change subitement dans l'après-midi, alors que je débarrasse les restes du repas.

– Leelabon, nous sommes rentrés !

Je sors de la cuisine en courant et je vois Shani et son bébé dans le chauk.

– Bénis-la s'il te plaît, me dit-elle en me tendant sa fille.

Il ne viendrait à l'idée de personne ici de faire bénir son enfant par une veuve.

– Je te souhaite une longue vie, dis-je en la prenant dans mes bras.

– Souhaite-lui de devenir une pundit, comme toi.

– Je ne suis pas une pundit, protesté-je mais j'espère qu'elle deviendra une *shiromani* !

– Shiromani ? Qu'est-ce que c'est ?

– C'est aussi un pundit, mais il est plus savant et conseille les autres.

– Et toi, tu es une shiromani ?

– Pas du tout, répliqué-je.

Entre-temps, Ba et Kaki sont arrivées et je tends la petite fille à Kaki.

Shani réapparaît un peu plus tard.

– Tu es prête ? me demande-t-elle en s'asseyant en tailleur, sa fille contre son sein et son ardoise à la main. Tu vas être drôlement fière de moi : je n'ai rien oublié.

J'ai un pincement au cœur. Comment lui annoncer que, dans quelques jours, je ne serai plus là ?

- Dans ce cas, commençons, lancé-je en évitant de la regarder dans les yeux.

Elle repose l'ardoise.

– Tu n'as plus envie d'être mon professeur, Leelabon ?

– Si, mais il y a quelque chose que tu dois savoir : je vais bientôt quitter Jamlee.

Elle m'attrape le poignet.

– Tu pars faire tes études à Ahmedabad ? me demande-t-elle avec un grand sourire, les yeux écarquillés.

Je suis soulagée.

– Pourquoi as-tu l'air si contente de me voir partir ? Je pensais que j'allais te manquer, la taquiné-je.

Son visage devient grave.

– Tu vas me manquer, bien sûr, mais je partage ta joie, qui est grande comme ça, me dit-elle en écartant les bras.

Kanubhai arrive le lendemain.

Je suis occupée à couper des amandes quand il rentre dans la cuisine.

– Où sont Ba et Kaki ? demande-t-il en regardant autour de lui.

– Ba fait la lessive et Kaki son puja.

– Saviben m'a dit que tu aurais tes notes d'ici un ou deux jours, m'informe-t-il.

Cela m'intrigue.

– Comment as-tu…

– Je te rappelle que nous vivons dans la même ville, je l'ai croisée à l'ashram.

– Tu m'emmènes avec toi ?

– Il faudrait que Bapuji le veuille bien.

– J'ai obtenu son accord.

Son regard s'illumine.

– C'est un miracle, Leela, un vrai miracle.

Je lui explique que j'ai dû me résoudre à parler à Bapuji, que je n'avais plus d'autre choix après la visite de Masi, que Kaka m'a encouragée à sa façon, calmement, et que j'ai réussi à le convaincre.

– Je suis fin prête à partir, conclus-je.

– Je n'en doute pas.

– Leela, tu as fini de couper les amandes ?

C'est la voix de Ba.

Emportée par la discussion, j'en ai oublié mon travail.

Je prends le couteau dans une main et une amande dans l'autre.

Kanubhai en attrape une poignée.

– Ça te fera toujours ça de moins, murmure-t-il en en fourrant quelques-unes dans sa bouche.

– J'ai presque terminé, Ba.

Plus tard, j'accompagne Kanubhai et Bapuji à la ferme. Bapuji nous explique où il va labourer, ce qu'il va semer, tandis que nous arpentons le terrain. Mais nous n'abordons pas la question de mes études, ni à ce moment-là ni le soir autour du dîner composé de courges au curry, de pain au *bajari* et de yaourts épais au lait de buffle.

La nuit est claire, une demi-lune brille dans le ciel, on en devine même l'autre moitié dans l'ombre. Comme il fait plus chaud, Lakha a installé trois khatlis dans le chauk. Kanubhai nous rejoint et nous commençons à discuter.

– Je vais repartir à Ahmedabad avec Leela. Il reste encore quelques semaines avant la rentrée, mais je voudrais qu'elle ait le temps de s'accoutumer à la ville d'ici-là, explique Kanubhai.

– Elle va me manquer, mais il faut qu'elle parte d'ici. Jamlee n'a rien à lui offrir, alors qu'il y a tout un monde là dehors qui l'attend, répond Ba avant d'ajouter : Grâce à Leela, j'ai beaucoup appris cette année.

– Ah bon ? m'étonné-je à haute voix.

– Tu nous as montré à tous ce qu'était le courage, répond Kaki.

Les autres approuvent d'un hochement de tête.

– Tu as tenu ta promesse, alors vas-tu… commence Ba.

Kanubhai lui fait signe de se taire.

– Pas un mot à ce sujet.

Je ne vois pas du tout de quoi ils parlent.

Ba m'attire contre elle.

– À Ahmedabad, la population soutient Gandhiji, il y a des manifestations tous les jours, j'ai peur que tu te laisses entraîner.

– Tout ce que je veux, c'est étudier.

– D'une manière ou d'une autre, tu finiras par te retrouver mêler à tout cela, dit-elle. Alors tâche d'être prudente.

Je me blottis contre elle.

– Je te le promets.

Le jour de mes résultats, un vent chaud souffle. Mon cœur, lui, s'agite comme un brin d'herbe impatient sous la mousson, à peine sorti de terre. Saviben arrive, drapée dans son khadi, un grand sourire aux lèvres.

– Vous êtes revenue ! crié-je en me précipitant vers elle.

– Et j'ai tes résultats, annonce-t-elle.

Nous nous retrouvons tous dans le salon, y compris Shani, Lakha et leur bébé.

– Leela, tu as obtenu les meilleures notes de toute la région, annonce-t-elle quand tout le monde s'est assis.

Elle me tend des papiers.

– On t'a attribué une bourse. Dès que tu auras signé ces formulaires, je pourrai débloquer l'argent.

Mes yeux s'agrandissent.

– Je vais avoir une bourse ?

– Oui, je suis tellement contente qu'elle puisse te servir à poursuivre tes études.

J'aimerais la remercier, la serrer dans mes bras, lui dire tout ce qu'elle représente pour moi.

Mais je reste sans voix.

Je regarde ma famille, personne ne souffle mot, mais je lis dans leurs yeux brillants, sur leurs visages emplis de fierté tout ce que j'ai envie d'entendre.

Je rends le document signé à Saviben.

– Leela, je connais Mme Mistry, une des inspectrices d'académie, depuis que je suis bébé. Si un jour tu as besoin d'aide, n'hésite pas à la contacter.

– Entendu.

Saviben décline l'invitation à déjeuner de Kaki, elle est pressée.

– Je souhaite que tes études t'apportent beaucoup de joie, me dit-elle avant de partir.

Cette bénédiction de mon guru est très importante à mes yeux, comme un encouragement à poursuivre mon apprentissage. Sur mon chemin, je rencontrerai des dangers imprévus, dissimulés dans les plis des saris et des turbans, dans les regards inconnus de la ville, mais les bénédictions de mes aînés seront toujours là pour me protéger.

Je raccompagne Saviben jusqu'au portail.

– Il faut que je te dise quelque chose, murmure-t-elle. C'est à propos de ton frère.

– Kanubhai ?

– À la mort de Ramanlal, il est venu me demander d'être ta préceptrice. Je venais d'arriver à Jamlee et j'avais peur du qu'en-dira-t-on. J'ai expliqué à ton frère que je ne voyais pas l'intérêt pour toi de suivre encore une année de cours, sachant qu'en restant à Jamlee tu ne pourrais pas aller au-delà et que tes parents n'enverraient jamais leur fille veuve poursuivre ses études ailleurs.

– Qu'a-t-il répondu ?

– Il m'a promis que tu continuerais tes études et je me souviens de lui avoir dit : « C'est beau les promesses, encore faut-il pouvoir les tenir et je doute que tu y attaches beaucoup d'importance une fois marié. » Il m'a alors expliqué qu'il ne se marierait pas tant qu'il n'aurait pas la certitude que tu poursuives tes études.

Toutes les conversations que j'ai eues avec Kanubhai me reviennent en mémoire. Qu'avait-il bien pu raconter à Bapuji et à Kaka sous le kesuda ? Et à Ba et à Kaki ? Mon cœur se gonfle d'amour pour mon frère, j'ai la gorge serrée, mes yeux s'inondent de larmes.

– Pourquoi ? demandé-je en pleurant.

– Pour que ta vie t'appartienne à nouveau. Tu as beaucoup de chance de l'avoir, peu de frères auraient fait cela.

– Oui, c'est vrai.

Dans la cuisine, Ba vide la pulpe d'une mangue et Kaki prépare des *rotlis*.

– Je peux faire les derniers ? lui demandé-je.

– Je t'en prie, l'occasion ne se représentera pas de sitôt.

Je prends deux boules de pâte que je parsème de farine, puis je les empile l'une sur l'autre pour les aplatir avant de les étaler au rouleau. Je les mets à cuire sur le *sagdi*, où le charbon se consume en rougeoyant. Quand je sépare les deux couches de rotlis, de la fumée s'échappe. Préparés ainsi, ils sont aussi minces qu'une feuille de papier.

Je rapporte à Ba et à Kaki ce que m'a confié Saviben.

– C'est vrai que Kanubhai ne voulait pas se marier tant que vous ne me laissiez pas poursuivre mes études ?

Ba ne répond pas.

– Pourquoi ne m'en avez-vous pas parlé ?

– Parce que nous lui avions juré de ne rien dire et que nous ne pouvions pas trahir une telle promesse, m'explique Kaki.

Je me demande ce qu'on a bien pu me cacher d'autre, quels sacrifices ont été consentis pour moi et par qui.

Ba apprend par Heeraben la colère de parents qui jugent que j'ai été favorisée par mes cours particuliers. Certains m'accusent même d'avoir eu les questions avant l'examen.

Ça me fait rire.

– Tu connais le dicton : « Le fantôme de la rumeur ne saurait effrayer la vérité. »

Le reste de la journée file bien vite entre mes doigts et j'écris dans mon cahier : « Les bons moments s'échappent toujours trop vite, alors que les mauvais semblent ne jamais vouloir finir. Mais les uns comme les autres passent tandis que moi, je reste. Moi seule. »

Quand je me lève le lendemain matin, je trouve toute la famille assise dans le chauk. À leur mine, je jurerais qu'ils viennent de voir un kalotar.

– Que s'est-il passé ? demandé-je.

– Quelque chose d'horrible, me répond Kanubhai en me montrant le journal. Il y a quelques jours, sur ordre du général Dyer, la police a ouvert le feu sur la foule à Amritsar, dans le Jallianwala Bagh.

– Contre des émeutiers ?

– Non, c'était un rassemblement pacifique pour écouter des discours politiques. Beaucoup de gens étaient venus des villages alentour pour *Baisakhi*.

Baisakhi célèbre l'arrivée du printemps. Je me représente très bien cette foule grouillante, vêtue de couleurs vives, comme les fleurs de kesuda et de moutarde.

– Il y a eu des morts ? demandé-je d'une voix tremblante.

– Leela, ils ont tiré plus de mille coups de feu sans sommation, sans prendre la peine de disperser les gens. Il y a des centaines, voire des milliers, de morts et de blessés.

Je m'enfouis le visage dans les mains.

– Des hommes, des femmes, des enfants. Des sikhs, des hindous, des musulmans.

Je ferme les yeux. Des innocents fauchés comme de l'herbe.

Au lieu de me préparer et de prendre mon petit déjeuner, je préfère lire le journal. Le Punjab a envoyé des milliers de soldats se battre aux côtés du *Raj britannique*, ils sont morts pour défendre la Grande-Bretagne. La guerre est maintenant finie et les survivants retrouvent leur terre natale plus pauvre et encore moins libre que quand ils sont partis. Le massacre de Jallianwala Bagh, voilà leur ultime récompense !

Les hommes se retrouvent dans notre cour, les plus vieux demandent à Kanubhai de leur faire la lecture du journal. Ils discutent tout en fumant des bidis, oubliant leur labeur et la chaleur d'avril.

Les femmes s'installent sur la galerie de devant.

– Si seulement notre pays reprenait son cours tranquille, dit Heeraben. Fichons la paix aux Engrej et laissons-les gouverner !

– Pourquoi cela ? demandé-je.

– Parce que cela fait des années qu'ils le font.

– Ce n'est pas une raison pour les laisser continuer. C'est notre pays et nous sommes un peuple, pas des moutons qui se laissent aveuglément conduire à l'abattoir, assène Masi, d'une voix passionnée et convaincue.

Comme la plupart des Indiens, elle a été bouleversée par tout le sang versé.

Elle ramène ses cheveux indisciplinés derrière ses oreilles, s'essuie les yeux avec le bout de son sari.

– Nous sommes des êtres humains, tout comme les Engrej, et ils ne doivent jamais l'oublier.

Au fil de la discussion, Heeraben se retrouve de plus en plus isolée.

Dans mon journal, j'écris: « Quand Jaya, l'an dernier, évoquait les mutations à l'œuvre dans notre pays, j'étais persuadée que cela ne concernerait jamais Jamlee. J'avais tort. Notre pays ne sera plus jamais comme avant, le peuple souhaite et exige le changement. »

Je range mon cahier dans le renfoncement de la fenêtre.

Les mauvaises nouvelles continuent d'affluer le lendemain.

Dans le Punjab, une loi martiale stricte a été décrétée. Après qu'une femme blanche a été agressée à Amritsar, le général Dyer a édicté un « ordre de ramper », qui oblige les gens à ramper sur les mains et les genoux dans la rue où a eu lieu l'agression. Pour avoir désobéi aux ordres, certaines personnes ont été flagellées en public.

Gandhiji a insisté en vain auprès du sarkar pour qu'on le laisse se rendre au Punjab.

Tout Jamlee semble ressentir la douleur, l'humiliation et la tristesse du Punjab. Nous réalisons que, aux yeux des Britanniques, nos vies ne valent rien. Comment pourrait-on soutenir un Raj qui a assassiné les nôtres sans pitié ?

VINGT-SIX

Le matin de mon départ, je mange très peu, j'ai pourtant le ventre lourd comme si j'avais avalé une douzaine de mangues avec leurs noyaux.

Je demande à Kaki de me donner mes bijoux en or. Ils sont toujours enveloppés dans le mouchoir où elle les avait rangés.

Je le défais et me mets à caresser mes boucles d'oreilles, mon collier, mes bracelets et mes bagues d'orteil, dont le métal froid brille. Je retire les bracelets et rends le reste à Kaki.

– Tu m'avais dit que j'étais libre de les donner à qui je voulais et tu pensais sans doute aux enfants de Kanubhai ou de Jaya. Mais, si tu n'y vois pas d'inconvénient, j'aimerais donner ces bracelets à la fille de Shani, dis-je.

Ma requête la surprend peut-être, mais elle n'en montre rien.

– Ils sont à toi, tu en fais ce que tu veux.

Shani écosse des haricots dans l'arrière-cour. Elle se lève dès qu'elle me voit, faisant tomber les légumes qu'elle a dans la main. Je la serre contre moi, des larmes ruissellent sur nos joues.

– Prends mon bébé dans tes bras avant de partir, me demande-t-elle.

Lakha m'amène le bébé emmitouflé dans une couverture. Je le garde un moment dans mes bras, puis je lui embrasse le front avant de glisser les bracelets à son poignet et de le rendre à sa mère.

– Leelabon ! souffle-t-elle en se remettant à pleurer.

– Prends soin d'elle, lui recommandé-je.

Elle hoche la tête tout en s'essuyant les yeux du revers de la main.

– Je t'écrirai. Toi aussi ? lui demandé-je.

– Ho've. Et envoie-moi aussi des devoirs.

Elle me prend par la taille.

– La maison va sembler vide sans toi.

– Je reviens bientôt. Tu m'as beaucoup manqué toi aussi quand tu es partie, j'avais tout le temps envie de te parler, de te poser des questions, de te raconter les nouvelles.

Elle rit.

– Leelabon, tu dis ça pour me faire plaisir.

– Tu me connais mal, tu as donc oublié à quel point j'ai été impolie avec toi la première fois que je t'ai vue ? Je n'ai pas changé.

– Oh si ! murmure-t-elle.

Puis je vais dire au revoir à Dahi et aux bœufs, au kesuda et au jamboo, aux roses et aux hibiscus.

Je fais un tour dans chacune des pièces de la maison. Je m'attarde devant la fenêtre ronde où se cache mon cahier et feuillette les pages remplies de mes pensées.

Je le confie à Kaki pour qu'elle le mette dans mon maju. Si je n'emporte pas mon journal, je garde pour toujours en moi les sentiments que j'y ai exprimés. Et cela me suffit.

J'emballe quelques vêtements, le chidri en soie que Saviben m'a offert, deux légers en coton, un plus chaud, et une veste en laine, pour ne pas avoir froid en hiver. Je glisse aussi le khilli en or dans ma poche, tout en espérant ne jamais avoir à m'en resservir.

Dans la matinée, j'aide Ba à faire des boulettes à partir de quelques rotlis émiettés et mélangés avec du sucre roux et du ghee.

Personne en ville ne sait que je m'apprête à partir, pas même Masi. « Il vaut mieux rester discret si on ne veut pas faire jaser », a justifié Kaki.

À mon grand étonnement, j'ai envie de revoir Masi avant de partir. J'ai perçu un changement en elle la dernière fois que nous nous sommes vues. Je me souviens à quel point le massacre de Jallianwala Bagh l'a mise en colère, combien elle s'est sentie proche des victimes. J'espère qu'un jour elle changera d'avis sur la façon dont on doit traiter les veuves.

Je suis désolée de ne pas pouvoir lui dire au revoir, mais il vaut mieux garder mon départ secret.

Ba a consulté le thème astrologique et choisi une heure appropriée pour notre départ. Tandis que nous nous préparons, elle ne cesse de pleurer. Non pas bruyamment, comme le jour où Ramanlal est mort, mais tout doucement, comme une tuile mal posée qui ruisselle sous la pluie.

Les mains tremblantes, Ba place une mèche en coton dans la lampe de prière en argent et y verse du ghee avant de l'allumer. J'adresse une prière à Ganesh, le dieu à la tête d'éléphant, pour qu'il écarte les obstacles sur mon chemin, et à Saraswati, la déesse des Arts et du Savoir.

Kaki et Kaka m'offrent une image qui la représente vêtue d'un sari blanc, jouant du *veena* assise sur un paon. Je la range dans mon sac.

– Écris-moi des lettres pour me raconter ta nouvelle vie, mc dit-il quand je viens le saluer.

– Promis.

Je suis étonnée de la vitesse à laquelle l'armée grisonnante de l'âge et du chagrin a pris possession de ses cheveux noirs.

– Nous sommes fiers de toi. Je te souhaite d'être toujours heureuse, me dit Kaki.

Voilà une bénédiction étrange pour une veuve, mais elle vient du cœur et cela lui confère un pouvoir magique.

Ba me sert fort dans ses bras.

Les mains derrière le dos, Bapuji se tient droit, mais je n'ai jamais lu autant de douleur sur son visage.

Je m'approche de lui.

– Ne t'inquiète pas pour moi : je travaillerai dur.

Il pose ses lourdes mains sur mes épaules et je sens tout le poids de son regard sur moi. Je lis un par un les mots qui, sans qu'il les prononce, s'inscrivent dans l'air immobile.

Quand je me retourne, la flamme de la divi s'éteint. J'inspire profondément la fumée avant de partir.

Lakha nous attend avec la charrette, juste derrière le portail. Je jette un dernier regard vers ma famille, j'ai tout à coup l'impression d'avoir des semelles de plomb.

Kanubhai passe son bras autour de ma taille comme pour me dire : « Ce n'est plus le moment de regarder derrière soi. Allez, viens. »

En m'asseyant dans la charrette, je me dis qu'après mon départ cette maison va ensevelir ma famille sous le silence et je lance encore un coup d'œil derrière moi.

– *Halo, mara vahala, halo.* En avant, mes chéris, en avant, murmure Lakha.

Les bœufs se mettent en route en faisant tinter leurs cloches.

Une fois arrivée à la gare, Lakha sort les bagages de la charrette pour les mettre dans le train.

– *Vehla avajo*. Reviens vite, me dit-il en joignant les mains.

– Ne t'inquiète pas. Veille à ce que Shani continue à lire.

Il hoche la tête.

– Que Dieu te protège, murmure-t-il.

C'est la première fois que je prends le train. Les roues sont énormes et les wagons encore plus grands que ce que j'imaginais. Nous remontons tout le train pour aller voir la locomotive, cette machine dévoreuse de charbon aux poumons de feu et aux bras puissants. Lakha attend que nous soyons montés à bord pour repartir. De la fenêtre de notre compartiment, je regarde les bœufs et la charrette s'éloigner cahin-caha vers Jamlee.

– Combien de temps avant d'arriver? demandé-je à Kanubhai.

– Le train n'a même pas encore démarré que tu me demandes déjà à quelle heure on arrive! Dors donc un peu, le temps passera plus vite.

– Non, je ne veux rien manquer de ce voyage.

Un coup de sifflet, une légère secousse et le train part. Je regarde par la fenêtre, en direction de Jamlee, jusqu'à ce que le train prenne de la vitesse et qu'un nouveau paysage apparaisse. Les fermes, les bêtes et, au-delà, les forêts touffues, défilent sous mes yeux.

Mes paupières deviennent soudain lourdes et je m'endors, appuyée sur l'épaule de Kanubhai. Je me réveille à chaque coup de sifflet. À l'arrivée, j'ai les mains couvertes d'une fine couche de suie et les yeux qui piquent.

La gare grouille de monde, comme s'il y avait un mariage. Je croise un Engrej, aussi blanc que du coton fraîchement cueilli : comment une peau comme la sienne peut-elle supporter le soleil ? Il y a là plusieurs hommes vêtus de toges couleur safran, une sébile en bois à la main. Je scrute un à un leurs visages, espérant y reconnaître les traits de Gros Soma. J'aperçois des femmes qui portent des saris à la mode comme ceux de Saviben, mais je ne vois aucune veuve. Est-ce parce qu'il n'y en a pas dans cette ville ou parce qu'elles restent cloîtrées à l'intérieur ?

J'attrape la main de Kanubhai.

– Où m'emmènes-tu ?

– Je voudrais que tu visites les différentes écoles avant de choisir celle dans laquelle tu feras tes études.

– Je voudrais d'abord voir celle de l'ashram de Sabarmati.

– Très bien.

Il me regarde droit dans les yeux.

– Ton avenir est devant toi : tu es prête ?

– Prête, répliqué-je d'une voix égale.

Un simple événement peut avoir des répercussions sur un seul individu ou sur toute une nation. Quand Ramanlal est décédé, ma vie a changé et m'a conduite sur un chemin inhabituel. Le massacre au Punjab a poussé le peuple à se révolter contre le gouvernement britannique. Gandhiji continue à parcourir le pays pour convaincre les gens de s'unir et d'organiser des satyagrahas.

Ses discours sont bien accueillis. Plusieurs avocats réputés, comme le Dr Rajendra Prasad, ont abandonné leur lucrative clientèle pour le rejoindre. Rabindranath Tagore, prix Nobel de littérature, a même rendu au roi son titre de chevalier en signe de protestation.

Les traditions n'entravent-elles pas les peuples tout comme l'occupation étrangère contraint notre pays ? Nous ne parvenons pas à nous défaire de ces chaînes, même si elles nous blessent, nous nous y sommes habitués.

Deux hommes et trois femmes en khadi blancs nous dépassent. Ils marchent à grandes enjambées, d'un pas assuré : ils semblent vouloir accomplir tant de choses. Font-ils partie de ceux qui sont en train de changer la destinée de notre pays ?

Le temps est-il venu de les rejoindre ?

J'avance d'un pas.

GLOSSAIRE

AAREE : oh.
AARTI : prière collective durant laquelle on allume des lampes et on chante des cantiques.
AAVEE : j'arrive.
ABHLA : petits miroirs cousus sur une étoffe.
ANGARKHA : longue tunique blanche.
ANU : cérémonie donnée en l'honneur d'une jeune mariée avant qu'elle parte vivre chez son époux.
ARITHA : fruit tropical qui mousse comme le savon quand on le fait bouillir.
ASHRAM : lieu de vie communautaire.

BA : mère.
BAISAKHI : fête des récoltes qui a lieu en avril.
BAJARI : millet-perle cultivé en Inde et en Afrique depuis la préhistoire.
BAPUJI : père.
BEELADEE : chat.
BESS : assieds-toi.
BHAGAVADA-GITA : texte sacré classique de l'hindouisme qui fait partie du *Mahabharata*.
BHAJAN : chant pieux.
BHOOVA : homme médecine qui connaît les incantations

pour faire sortir le poison du corps des personnes victimes de morsures de serpent, scorpion et autres.
BIDIS : petites cigarettes constituées de tabac roulé dans une feuille d'arbuste.
BOR : espèce de baie.
BRAHMANE : hindou appartenant à la plus haute caste.
BUDDHU : idiot, personne dépourvue d'intelligence.
BURI : plat préparé avec le lait trait juste après la naissance d'un bufflon.

CHAL : allons-y, allez, viens, on y va.
CHALO : allez, venez (avec égards).
CHANDLO : point que les femmes mariées portent au milieu du front.
CHAROLI : petite noix ronde.
CHAUK : cour intérieure, généralement pavée.
CHEE, CHEE : très mal, mauvais (désapprobation).
CHIDRI : sari (« couleur de boue ») que les veuves portent dans l'État du Gujarat.
CHOKDI : place généralement située au centre d'un village ou d'une ville.
CHULA : four en terre cuite.

DAL : soupe de lentilles.
DALEEL : discussion, débat.
DHARMA : devoir, obligation.
DHARMASHALA : salle municipale, qui comporte aussi des chambres pour les invités.
DHOTI : longue étoffe qui se drape autour de la taille et des jambes, et qui ressemble à un pantalon bouffant.
DIVI : lampe de prière en argent ou en cuivre.

DIWALI : fête de la lumière chez les hindous.

ENGREJ : un Anglais, les Anglais.
ENGREJI : la langue anglaise.

FAJETO : soupe à base de noyaux de mangue, de farine de pois chiches et d'épices.

GAYATRI MANTRA : un des mantras les plus redoutés par les hindous.
GHAGRI-POULKA : longue jupe portée avec une tunique.
GHEE : beurre clarifié au goût de noisette.
GURU : maître spirituel.

HARTAL : grève.
HASADI : grand collier, littéralement «clavicule».
HOLI : fête qui marque le début du printemps
HO'VE : oui, d'accord (familier).

INDHONI : pièce de tissu matelassée et ronde utilisée pour porter les cruches sur la tête.

JALEBIS : beignets à base de farine blanche, frits et trempés dans du sirop de sucre.
JAMBOO : grand arbre à feuilles caduques qui donne des sortes de prunes à la mousson.
JANOI : cordon sacré porté par les garçons et les hommes brahmanes: également cérémonie de passage à l'âge adulte au cours de laquelle est remis le cordon.

KADU : tisane au goût amer.

KAKA : oncle quand il est le frère du père.
KAKI : épouse du kaka.
KALOTAR : serpent noir venimeux.
KANSAR : dessert au blé complet et au sucre roux, cuit à la vapeur et trempé dans du ghee.
KESUDA : arbre tropical, aussi connu sous le nom de « flamboyant de la forêt ».
KHADI : coton rêche, tissé main. Le Mahatma Gandhi portait des khadis.
KHARKHARO : rituel de deuil, qui comprend les visites de condoléances rendues après le décès. Autrefois, cela durait pendant des jours.
KHATLI : sortes de banc en teck dont l'assise est tressée avec de robustes cordes de jute.
KHILLI : clou ou épingle en métal avec un bout pointu.
KHÔL : poudre minérale, noire ou grise, utilisée pour maquiller les yeux.
KHUNO PALVO : littéralement « choisir un coin », désigne les douze mois de deuil imposés à une veuve brahmane.
KICHUS : gaufrettes fines à base de farine de riz cuit, de graines de cumin et de sel.
KISMET : hasard, destin.
KOTHIMDA : liane à fruits qui pousse pendant la mousson.

LAHARIU : vague.
LAKKH : laque.
LOO : vent d'été sec et chaud.

MADARI : personne qui dresse des serpents, des ours ou des singes pour qu'ils fassent des tours.
MAHABHARATA : poème le plus long jamais écrit.

MAJU : coffre en bois fermé par des serrures en cuivre.
MANBHATT : musicien qui utilise un petit récipient rond en laiton comme instrument.
MANJIRA : cymbales à doigt en laiton.
MARJIVA : pêcheur de perles.
MASI : sœur de la mère.
MEHNDI : arbuste tropical dont les feuilles sont utilisées comme teinture pour la peau et les cheveux.
MOKSHA : nirvana.

NESDO : campement rabari.
NISHAAKASH : voûte céleste.

ODHANI : foulard, généralement long de deux mètres.

PALAV : extrémité du sari, le plus souvent décorée.
PAPDIS : gaufres de pois chiches, frites et croustillantes.
PATLA : tabourets en bois très bas sur lesquels on s'assoit jambes croisées.
PATRAL et **PADIO** : assiette et bol en feuille de *khakhra.*
PENDA : friandise obtenue à partir de lait bouilli solidifié.
PIPUL : figuier originaire d'Inde.
POORANPOLI : pain farci aux lentilles sucrées et à la cardamome.
PRABHATIA : chants pieux de l'aurore.
PUJA : rituel d'adoration.
PUNDIT : homme savant, lettré.
PYE : plus petite unité monétaire de l'époque, équivalant à un centime.

RAAND : veuve, dans un sens péjoratif

RABARI : tribu autrefois nomade, qui vit aujourd'hui dans des huttes de terre aux toits de chaume.
RAJ BRITANNIQUE : nom donné à la période de domination britannique.
RAJAI : couverture très douce.
RAMJI MANDIR : temple de Rama.
RANGOLI : dessin floral ou géométrique qui décore la maison pendant Diwali.
RISHI : sage.
ROTLI : fine galette de pain complet cuite sur un poêle.
RUDRAKSH : arbre tropical considéré comme sacré. On fabrique des perles à partir de ses fruits séchés.

SAAL MUBARAK : bonne année.
SADHUS : hommes pieux.
SAGDI : petit poêle à charbon.
SAPTARSHI : constellation des sept étoiles, Grande Ourse.
SARI : large et longue pièce de tissu que les femmes indiennes drapent autour d'elles, généralement par-dessus un jupon et un corsage. Le drapé diffère selon la caste, la région, la religion...
SARKAR : gouvernement.
SARU : d'accord.
SATCHITANAND : composé des trois mots sanskrits « *sat* », « *chit* » et « *anand* » c'est-à-dire vérité, conscience et béatitude.
SATYAGRAHA : principe de résistance pacifique appliqué par le Mahatma Gandhi.
SAVITUR : source d'énergie universelle.
SHAHEED : martyr.
SHIMLA : arbre tropical dont la cosse des graines produit une fibre douce.

SHINGODA : espèce de châtaigne d'eau.
SHIROMANI : meilleur parmi les meilleurs, littéralement, «le joyau de l'esprit».
SUKHADI : pâtisserie à base de farine complète, de ghee et de sucre roux.

TANPURA : instrument de musique à une corde.
THEPLA : galette de pain complet relevée de graines de cumin et de curcuma.
THUP : onomatopée gujarati.
TULSI : plant de basilic, sacré pour les hindous.

VASANT : saison du printemps.
VAKEEL : avocat.
VEDA : ensemble de textes sacrés hindous (en sanskrit, veda signifie savoir, connaissance).
VEENA : instrument de musique à cordes dont joue la déesse Saraswati.

WIDHWA : veuve.

YAMRAJ : dieu des morts.

NOTE DE L'AUTEURE

J'ai passé quelques jours avec ma grand-tante Maniba quand j'avais dix ans. Elle était veuve depuis l'enfance et, tout comme Leela, elle portait un chidri et avait le crâne rasé. Je n'ai pas arrêté de me dire qu'elle ne devait pas être beaucoup plus vieille que moi quand elle s'est retrouvée veuve.

Maniba était née en 1888, soit quelques années avant Leela, mais elles ont mené les mêmes combats. C'était une époque où les filles gujaratis n'allaient à l'école que jusqu'à la fin du primaire et où les veuves étaient mises à l'écart et ignorées par la société pour le restant de leurs jours. Une fois veuve, Maniba a tout fait pour convaincre ses parents (mes arrière-grands-parents) de la laisser partir poursuivre ses études à Ahmedabad. À force de supplications et de disputes, elle y est parvenue. Quel courage extraordinaire il a dû lui falloir ! Après avoir terminé ses études universitaires, elle est revenue dans son village natal de Kapadvanj et est devenue directrice de la Kanya Shala, l'école de filles.

Depuis l'enfance, j'admire Narmad, ce très grand poète et essayiste, ce réformateur social qui vécut plusieurs dizaines d'années avant le Mahatma Gandhi. Les idées et les idéaux qu'il défendait – l'égalité des sexes, l'abolition du système des castes, la fierté nationale – étaient très en avance sur son temps. Gandhiji était gujarati, et très tôt son influence fut forte dans la région. J'ai grandi en lisant ses écrits, et la plupart de mes professeurs étaient engagés dans le combat pour les libertés et participaient aux satyagrahas. J'ai donc tout naturellement souhaité que Narmad et Gandhiji façonnent l'esprit de Leela, et que son parcours se déroule parallèlement à la lutte de l'Inde pour l'indépendance.

Les quatre dernières années avant sa mort, mon père m'a fourni beaucoup de détails sur la société et la communauté du Gujarat des premières années de l'ère Gandhi. Sa mère est morte quand il avait neuf ans et c'est sa grand-mère et sa tante veuve, Maniba, qui l'ont élevé : il a donc pu me transmettre leur histoire. Le récit de Leela est un hommage à Maniba et au nombre incalculable d'enfants veuves qui ont souffert inutilement.

REMERCIEMENTS

Mille mercis pour leur aide :

À l'équipe d'Hyperion et à toute ma famille, mes amis, mes collègues.

Et en particulier à Georgia Beaverson, Donna Bray, Judy Bryan, Jalaj Dani, Vita Dani, Arianne Lewin, Roseanne Lindsay, Julie Shaull, Charlotte Sheedy, Neha Sheth, Rajan Sheth, Melinda Starkweather, Amit Trivedi, Bharatiben Trivedi, Rohit Trivedi, Susan Trivedi, Joey Valdez, Rupa Valdez, Jacqueline Woodson et Bridget Zinn.

J
R
SHE

SHETA, Kashmira

Un sari couleur de boue

430